바울의 영성과 제자 양육

| 이영철 지음 |

쿰란출판사

바울의 영성과
제자양육

추천사

바울 연구가 이영철이 집필한 《바울의 영성과 제자 양육》을 읽다 보면 생각지도 못했던 바울에 관한 세세한 정보들이 세심하게 정리되어 있음을 발견합니다. 동시에 수천 년 전으로 돌아가 그 시대의 문화, 전통, 관습, 정치적, 정신적 분위기와 같은 다양한 주제에 대한 수많은 세부 정보도 볼 수 있습니다. 저자는 자신이 다루고 있는 주제에 대해 빈틈이나 의문점을 남기지 않고 아주 세세한 부분까지 다루어 독자들을 만족시키고 있습니다.

저자는 바울의 탄생부터 순교 때까지의 생애와 사명에 관한 정보를 성경과 기타 자료를 통해 학술적인 방식으로 독자들에게 전달하고 있습니다. 교육적이고 유익한 자료임에도 불구하고 전혀 건조하지 않은 언어로 서술되어 있어 재미있게 읽어 나갈 수 있습니다. 이 책은 한 번 읽고 책장에 꽂아 두는 책이 아니라 머리맡에 두고 읽을 수 있는 훌륭한 참고서라고 생각합니다.

지금까지 바울을 연구한 많은 책이 있었지만 바울의 생애를 역사적, 고고학적 그리고 성서적 접근 방식으로 쉽게 정리하고, 오직 예수 그리스도만을 바라보며 살 수 있게 했던 바울의 영성과 수많은 제자를 양성했던 제자 양육 방식을 설명하는 책은 보지 못했습니다. 이 책을 읽는 사람마다 약 2,000년 전 이스라엘, 시리아, 레바논, 요르단, 튀르키예, 그리스 그리고 로마에서 일어난 바울과 관련된 사건들을 배우면서 이 시대를 살아가는 우리 자신의 삶도 돌아보게 될 것이라고 확신합니다.

  바울이 그의 시대에 그의 소명과 사명을 잘 이행하였듯이, 우리도 이 시대에 우리의 소명과 사명을 잘 이행해야 함을 잊지 않았으면 좋겠습니다. 이런 맥락에서 《바울의 영성과 제자 양육》은 우리에게 깊은 도전을 줄 것입니다.

이영태 목사
(성현감리교회)

추천사

기다리고 기대했던 귀한 저서인 《바울의 영성과 제자 양육》이 이렇게 출판되기에 기쁘고 감사한 마음으로 추천하려고 합니다.

이 책의 저자와의 인연은 2004년 3월에 튀르키예 안내를 받으며 시작되었습니다. 2003년 11월에 밀알미술관에서 사도 바울의 선교 현장 답사 사진전을 열고 화보집을 출판한 뒤, 자료를 더 보충하기 위해 튀르키예를 답사하였습니다. 바울의 사역 현장 대부분을 답사한 후였지만 더 보충하고 싶어 최고의 전문가를 수소문하니 모두가 이분을 추천하였고, 저자의 인도로 더 많은 바울의 선교 현장을 답사하였습니다. 우리나라에서 크로아티아 여행이 큰 관심을 끌었을 때 크로아티아와 알바니아 지역이 성경의 달마디아와 일루리곤 지역인 것을 확인하고 같이 답사한 후 영상으로 소개한 특별한 추억도 있습니다.

현장에서 온몸으로 집필하신 이 보석과 같은 저서를 몇 가지로 나누어 추천하려고 합니다.

이 책은 사도 바울의 선교 현장에서 밀착하여 기록한 귀한 진주 같은 저서입니다. 필자는 성서지리를 공부하면서 현장에서 느끼는 것은 '온몸으로 읽는 성경'이라고 표현합니다. 필자가 성지를 답사하며 현장에서 살며 온몸으로 느끼는 것은 살아 있는 지식이라는 사실을 알게 되었습니다. 그러기에 이 저서는 도서관이나 서재에서 집필할 수 없는, 현장에서 거의 평생을 보낸 사역자가 온몸으로 기록한 바울에 관한 최고이자 최상의 책이라 생각합니다.

저자는 바울의 고향인 다소에서 국제 바울 센터를 운영한 유일한 하나님의 사람이었습니다. 저도 바울 센터를 방문해 보았습니다. 다소에서의 오랜 생활로 저자는 풍토병에 걸려 고생하기도 하고 또 치유 역사를 체험하기도 했습니다. 저는 옆에서 그것을 보았습니다.

이 책은 바울의 고향인 다소에서 고고학자들과 신학교 교수들을 만나 알게 된 귀한 정보들을 취합하고 정리하여 자신의 것으로 만들어 고농축 진액 같은 자료가 집대성된 사도 바울에 대한 자료집입니다. 이러한 글은 현지에서만이 쓸 수 있는 글이라고 단언합니다. 그렇다고 경험만을 취합한 것은 아닙니다. 현지에서 고고학 공부를 하고 고고학자들과 교류하고 현지 고고학 발굴에 참여까지 한 열정과 학문적 노력이 통합된 결정체입니다.

마지막으로 예수님의 사역이었던 제자 양육을 본받아 힘썼던 바울의 제자 양육까지도 정리한 귀한 옥고입니다. 필자는 제자훈련에 대한 논문과 양육 교재를 집필하는 데 오랜 시간을 보냈는데, 사도 바울의 제자훈련에 대한 저서가 현장에서 집필되었다는 바울 연구의 금자탑이라고 믿기에 이에 추천합니다.

홍순화 교수

(한국성서지리연구원장, 서울장신대학교 겸임교수)

추천사

바울!

그리스도인에게 너무나 익숙한 이름입니다. 그래서 사람들은 그에 대해 그다지 알려 하지 않습니다. 그런데 저자는 유별나게 그를 알려고 끊임없이 노력해 왔습니다. 심지어 그의 출생지인 다소에서 7년 동안 살았고, 바울이 수차례 선교한 곳을 수없이 다니며 연구했습니다. 그의 바울 사랑은 《바울의 생애, 다소에서 로마까지 2만km》, 《성서지리와 역사적 관점으로 본 사도 바울》(쿰란출판사), 《WHO AM I? I am Paul》을 내놓을 정도로 뜨겁습니다.

바울을 떠올리면 자동적으로 연상되는 것은 복음 전도입니다. 이는 그의 고백을 통하여 확연히 드러납니다.

"내가 달려갈 길과 주 예수께 받은 사명 곧 하나님의 은혜의 복음을 증언하는 일을 마치려 함에는 나의 생명조차 조금도 귀한 것으로 여기지 아니하노라"(행 20:24).

사실 바울에게서 복음 전도를 빼면 남는 것은 하나도 없습니다. 따라서 바울 연구가로 살아 왔던 그가 복음 전도와 관련하여 《바울의 영성과 제자 양육》을 내놓는 것은 지극히 당연합니다.

저자는 바울이 혼자서 복음을 전하지 않고 제자 삼아 함께 복음을 전한 것을 강조합니다. 그러나 이런 사실은 언뜻 보면 눈치챌 수 없습니다. 왜냐하면 바울의 영성이라는 옷을 입혀서 이를 말하기 때문입니다. 바울의 영성은 한마디로 한 영혼이라도 더 구원하려고 예수님처럼 낮아지고 고난 당한 것입니다. 바울은 그 누구보다도 자신이 예수 그리스도의 종이라는 자의식이 강했기에 그의 주인이신 예수께서 3년 반 동안 제자훈련을 하시고 마지막으로 모든 민족을 제자로 삼으라고 당부하신 대로 제자로 삼아 복음을 전했다고 주장하는 것은 자연스러운 것입니다.

저자는 D3 이슬람권 디렉터로서 복음을 마음대로 전할 수 없는 불모지 중동에서 'D3전도중심제자훈련'으로 평신도를 제자 삼아 복음 전도를 실행하고 있습니다. 그의 사역은 이슬람권 사역에 무한한 가능성을 열어 놓은 청신호로 평가받고 있습니다. 아무쪼록 본서가 많이 읽혀서 바울처럼 제자로 삼아 복음을 전하는 분들이 우후죽순처럼 일어나게 되기를 두 손 모아 간절히 기도드립니다.

안창천 목사

(D3전도중심제자훈련 대표)

 **서문**

오래전 스토아 철학의 중심 도시이며, 수사학과 학문을 탐구하는 교육의 도시였던 길리기아 다소에서 국제 바울 센터를 운영한 적이 있습니다. 그때 〈바울과 태클라 행전〉에서 "키는 작고 대머리요, 약간 구부러진 매부리코에다 다리는 짧으면서 굽어 있다"라고 언급하는 바울의 모습과 유사한 사람들을 볼 수 있었고, 이를 통하여 바울의 삶의 현장을 어느 정도 이해할 수 있었습니다.

다소를 방문한 외국의 고고학자들과 한국의 신학교 교수님들을 만나면서 바울의 출생부터 순교까지의 역사적 현장과 그 주변 이야기들을 성서지리적 그리고 역사적 관점으로 저술하여 2013년에 《사도 바울》이란 책을 출판하였습니다.

이 책을 출판한 후 많은 독자들과의 만남이 있었고 대화가 있었습니다. 이때 마음속에 꿈틀거리는 것이 생겼습니다. 바울은 회심한 이후 약 40여 년을 오직 예수 그리스도만 바라보며 살았던 인물입니다. '바울로 하여금 40여 년을 오직 예수 그리스도만 바라보게 했던 원동력이 무엇이었을까? 바울이 여러 지역을 다니며 오직 예수 그리스도의 마지막 명령에만 순종할 수 있었던 원동력은 무엇이었을까? 바울에게 어떠한 일이 일어났고, 바울이 회심한 후에 받은 교육은 무엇이며, 세상에 예수님의 마지막 명령을 어떠한 방법으로 전할 수 있었는가?' 이러한 질문들이 마음을 흔들었습니다.

이러한 마음으로 약 10년을 살았고, 이제 어느 정도 위에 언급한 질문들에 대한 대답을 내놓을 때가 되었다고 생각하여 책으로 정리해 보았습니다.

이번 책은 이전에 출판된 《사도 바울》이라는 기본 틀에 회심 이후 언급된 질문들에 대한 대답을 집중적으로 정리해 보았습니다.

먼저, 회심 이전의 바울의 영적인 상태를 정리하였고, 다메섹 도상에서 회심한 후 초대교회의 제자 양육 훈련을 어떻게 받았는지를 적어 보았습니다. 제자 양육 훈련을 받은 바울은 곧바로 가는 곳마다 어떻게 제자를 양육하며 복음을 전하는 삶을 살았는지, 그리고 여러 선교 여행에서 어떻게 사역하였는지를 정리해 보았습니다. 이 책을 통해 감옥에 갇혀서도 그리고 순교하는 순간에도 예수님의 마지막 명령에 순종하여 제자를 양육하며 복음을 전했던 바울의 영성을 이해하게 될 것입니다.

바울의 영성을 깨달으면 예수님의 마지막 명령에도 순종하게 될 것입니다. 그리고 제자를 양육하며 복음을 전하는 삶을 살게 될 것입니다. 이 책을 읽고 온전히 바울의 영성을 깨닫고 예수님의 마지막 명령에 순종하시기를 바랍니다.

끝으로 이 책이 나오기까지 많은 사랑을 베풀어 주신 모든 분들께 감사를 드립니다. 먼저 항상 옆에서 응원해 준 사랑하는 아내 박현주 그리고 두 딸 이서정과 이서영이 있었기에 여기까지 올 수 있었습니다. 늘 기도와 사랑으로 기둥이 되어 주신 이영태 님과 성현 성도님들, 제자 양육에 눈을 뜨게 해주신 안창천 님, 그리고 출판을 허락해 주신 쿰란출판사 이형규 사장님과 직원 여러분들께도 감사를 드립니다.

2024년 7월
갈라디아 땅에서 이영철

목차

추천사   이영태 목사(성현감리교회) _ 04
        홍순화 교수(한국성서지리연구원장, 서울장신대학교 겸임교수) _ 06
        안창천 목사(D3전도중심제자훈련 대표) _ 08

서문 _ 10

프롤로그 _ 바울의 영성과 제자 양육 _ 18

제1장 예수님 만나기 이전의 바울   20
  1. 다소에서의 바울   21
  2. 바울의 예루살렘 유학 생활   27

제2장 예수님 만난 이후의 바울   35
  1. 다메섹으로 가는 길에 주님을 만나다   35
  2. 바울의 소명과 사명   39
  3. 바울과 아라비아   44
  4. 다소에서 한 일   47
  5. 집에서 쫓겨난 바울   48
  6. 안디옥에서의 바울   53
  7. 안디옥에서의 협력 사역   59
  8. 안디옥 교회의 정신   60

제3장 **바울의 1차 선교 여행**	63
1. 구브로에서의 바울	64
2. 비시디아 안디옥에서의 바울	69
3. 이고니온에서의 바울	72
4. 루스드라에서의 바울	74
5. 더베에서의 바울	76
6. 밤빌리아 지방에서의 바울	79
7. 안디옥의 문제	80

제4장 **바울의 2차 선교 여행**	86
1. 바울과 바나바의 논쟁(행 15:36-40)	86
2. 길리기아 관문(Cilicia Gates)	89
3. 성령의 인도하심	91
4. 빌립보에서의 바울	94
5. 데살로니가에서의 바울	102
6. 베뢰아에서의 바울	103
7. 아테네에서의 바울	106
8. 고린도에서의 바울	110
9. 겐그레아에서의 바울	119
10. 에베소에서의 바울	121

목차

제5장 바울의 3차 선교 여행 — 122
1. 에베소를 다시 찾은 바울 — 122
2. 마케도니아에서의 바울 — 142
3. 고린도에 3개월 머물렀던 바울 — 144
4. 드로아에서의 바울의 7일 집회 — 149
5. 밀레도에서의 바울 — 151
6. 가이사랴에서의 바울 — 154

제6장 예루살렘과 가이사랴에서의 바울 — 157
1. 예루살렘 교회의 환영과 조언 — 157
2. 유대인들의 소동과 바울의 체포(행 21:27-36) — 159
3. 층계 위에서의 바울의 변론(행 22:3-21) — 162
4. 산헤드린(Sanhedrin) 공회 앞에 선 바울(행 23:1-10) — 163
5. 총독 벨릭스 앞에 선 바울(행 24장) — 167
6. 총독 베스도와 바울(행 25장) — 170
7. 아그립바 2세 앞에 선 바울(행 26장) — 174

제7장 로마로 향하는 바울 — 176

제8장 　로마에서의 바울　　　　　　　　　　　　　　　185

　1. 에베소 서신 작성　　　　　　　　　　　　　　189
　2. 빌립보 서신 작성　　　　　　　　　　　　　　193
　3. 골로새 서신 작성　　　　　　　　　　　　　　195
　4. 빌레몬 서신 작성　　　　　　　　　　　　　　197

제9장 　로마를 떠난 바울과 순교　　　　　　　　　　199

　1. 바울과 스페인(서바나)　　　　　　　　　　　　200
　2. 그레데 방문　　　　　　　　　　　　　　　　203
　3. 바울은 에베소를 방문하지 않고 빌립보로 갑니다　205
　4. 빌립보 방문　　　　　　　　　　　　　　　　206
　5. 골로새 방문　　　　　　　　　　　　　　　　208
　6. 다시 로마로 가는 바울　　　　　　　　　　　209
　7. 니고볼리 방문　　　　　　　　　　　　　　　211
　8. 두 번째 로마 방문　　　　　　　　　　　　　213

| 로마 제국의 시작에서부터 2세기까지 있었던 사건들　　223
| 참고문헌　　　　　　　　　　　　　　　　　　　226

바울의 얼굴들
(왼쪽 위부터 차례대로 안디옥의 바울, 다마스커스의 바울, 네압볼리의 바울, 베뢰아의 바울)

"너희는 외모만 보는도다"(고후 10:7).

"그 편지들은 중하고 힘이 있으나 그 몸으로 대할 때는 약하고 말이 시원치 않다"(고후 10:10).

"키는 작고 대머리요 다리는 굽었고 뻣뻣하고 치켜 올라간 눈썹, 코는 약간 구부러졌지만 그러나 매우 친밀성이 있는 사람 그는 처음에는 범인같이 보이나 다시 보면 한 천사의 얼굴을 가졌더라"(바울과 테클라 행전에서).

프롤로그
바울의 영성과 제자 양육

　바울은 스토아 철학(Stoicism)[1]의 중심 도시이며 수사학[2]과 학문을 탐구하는 교육 도시였던 길리기아 다소에서 태어나 로마에서 순교할 때까지 약 60여 년을 살았습니다. 청년 시절 예수님을 만나 회심하기 전까지는 오직 하나님의 말씀을 지키려고 노력하였고, 회심하여 순교할 때까지는 오직 예수 그리스도만을 전하기 위하여 한평생을 바쳤습니다. 그러므로 60여 년에 걸친 바울의 삶을 한마디로 말하자면 오직 하나님을 섬기는 삶이었다고 할 수 있습니다.

　그렇다면 바울로 하여금 60여 년 동안 오직 하나님만 바라보게 했던 원동력이 무엇인지 궁금해집니다. 바울은 어떤 교육을 받았고 그 교육이 바울의 삶에 어떻게 영향을 주었는지, 그렇다면 우리는 어떻게 살아야 하는지를 알아보고자 합니다.

---

1) 스토아 철학: 기원전 3세기 초 아테네 아고라에서 키프로스의 제노가 창설한 헬레니즘 철학 학파이다.
2) 수사학: 설득의 수단으로 문장과 언어의 사용법, 특히 대중 연설의 기술을 연구하는 학문이다.

이에 바울의 생애를 9단계로 구분하였습니다:

제1장, 예수님 만나기 이전의 바울

제2장, 예수님 만난 이후의 바울

제3장, 바울의 1차 선교 여행

제4장, 바울의 2차 선교 여행

제5장, 바울의 3차 선교 여행

제6장, 예루살렘과 가이사랴에서의 바울

제7장, 로마로 향하는 바울

제8장, 로마에서의 바울

제9장, 로마를 떠난 바울과 순교

회심 교회와 바울 동상, 다메섹 근교
회심을 한 바울은 성경을 깨닫게 된다.

제1장
예수님 만나기 이전의 바울

　바울은 예수 그리스도를 만나 변화되기 이전의 자기 모습, 즉 바울의 정체성과 자부심 그리고 자랑거리들을 빌립보서 3장 5-6절에서 회상했습니다.

- 나는 팔일 만에 할례를 받고
- 이스라엘 족속이요
- 베냐민 지파요
- 히브리인 중의 히브리인이요
- 율법으로는 바리새인이요
- 열심으로는 교회를 박해하고
- 율법의 의로는 흠이 없는 자로라

다소에 있는 바울의 생가
기독교가 공인된 후 바울을 기념하여 생가 옆에 예배당이 세워졌다. 세월이 흘러 셀축 대학교의 고고학 팀이 셀축인들에 의해 세워진 건물 밑에서(20~30m 아래) 생가 옆에 지어진 예배당을 발굴하였다.

1. 다소에서의 바울

바울의 고백에 의하면, 바울의 부모님은 이스라엘 족속의 베냐민 지파요 히브리인이며 바리새인이었습니다(행 23:6; 빌 3:5-6). 그래서 바울의 부모는 바울을 유대인의 전통과 종교에 따라 양육하였습니다.

1) 바울은 어떤 사람이었을까요?

첫째, 자녀가 태어나면 이스마엘 족속의 후손은 난 지 13일 만에 할례를 받습니다. 그러나 바울은 이스마엘 족속이 아닌 이스라엘 혈통이었기에 난 지 8일 만에 할례를 받았습니다(창 17:12).

둘째, 야곱이 천사와 씨름하여 얻은 새로운 이름, 즉 선택된 언약의 백성임을 의미하는 이스라엘 족속의 후손입니다.

셋째, 이스라엘 족속의 첫 번째 왕인 사울이 속한 베냐민 지파의 자손입니다.

넷째, 아브라함의 씨로서 이방인의 피가 전혀 섞이지 않은 히브리인 부모에게서 태어나서 히브리 말로 양육 받은 순수한 히브리인입니다.

다섯째, 율법으로는 가장 엄격한 유대 종파였던 바리새파의 일원으로, 율법이 요구하는 모든 명령과 기준을 지키면서 어느 누구보다도 떳떳하게 살았습니다. 다른 사람이 볼 때 흠이 없었다고 자부할 정도였습니다.

2) 유대인들은 자녀 교육[3]을 어떻게 했을까요?

첫째, 자녀가 태어나면 5세까지 엄마 무릎에서 구약을 들으면서 자랍니다. 하나님의 말씀은 생명이기 때문입니다(요 6:63). 태초에 말씀이 천지 만물을 창조하셨고, 지금도 살아 계셔서 활동하고 계시기 때문에 어릴 때부터 '하나님의 말씀으로 살라'는 뜻이 담겨 있습니다.

둘째, 6-12세까지는 회당의 의무 교육에 참여합니다.

셋째, 13세에 성인식과 함께 직업 교육을 받게 됩니다.

넷째, 15세가 넘어서면서 전문 장인으로 평생을 살지, 아니면 공부를 더 할지 결정합니다.

---

3) 이영철 (2013), *사도 바울*, 29.

3) 특별히 유대인 아버지가 아들을 위해 꼭 실천해야 할 다섯 가지가 있습니다.[4]

첫째, 할례를 시킵니다.

둘째, 속죄를 위해 성전에 데리고 갑니다.

셋째, 유대교의 율법을 가르칩니다.

넷째, 기술을 가르칩니다.

다섯째, 아들을 위해 아내를 준비해 줍니다(B.C. 29년 유대 고전 율법서를 보면, 아들이 20세에 이르기 전까지 결혼을 안 하면 하나님께서 벌을 내리신다고 했습니다).

4) 바울은 로마 시민권자였습니다.

바울의 부모가 로마 시민권자였기에 바울도 태어나면서부터 로마 시민권자였습니다(행 22:28).

첫째, 그 당시 로마 시민권을 얻는 방법은 무엇이었을까요?[5]

(1) 돈을 주고 살 수 있었습니다.

(2) 24년 이상 로마 군대에서 복무하면 받을 수 있었습니다.

(3) 로마에 공헌이나 충성한 공적이 있을 때 시민권을 얻을 수 있었습니다.

둘째, 바울의 부모는 어떻게 로마의 시민권을 얻을 수 있었을까요?

(1) 바울의 부모는 유대인이면서 바리새인이었습니다(행 23:6). 그래서 돈을 주고 로마 시민권을 살 가능성은 없습니다.

(2) 로마 군대에 들어가 군 복무를 하는 것도 현실적으로 불가능합

---

4) 이영철 (2013), *사도 바울*, 28.
5) 이복순 (2001), *사도 바울의 생애와 사역*, 47.

니다. 왜냐하면 군대에서는 종교 행위를 하기가 어렵기 때문입니다.

(3) 제일 가능성이 있는 것은 로마에 공헌을 하거나 충성한 공적을 통해서 시민권을 얻는 것입니다. 유대인들에게는 '율법상의 편의주의'라는 개념이 있는데, 유대인의 율법과 전통을 유지할 수만 있으면 외부에서 어떤 세력이 들어오든지 거부하지 않고 그들과 협력한다는 것입니다.

셋째, 다소에 거주했던 바울의 부모는 어떤 공을 세웠기에 로마로부터 시민권을 받았을까요? 두 가지의 사건을 생각할 수 있습니다.[6]

(1) 안티오코스 4세 에피파네스(Antiochus 4 Epiphanes)가 다소(Tarsus)와 다소의 동쪽에 있는 말로스(Mallos: 피라모스 강하류에 있는 항구 마을)를 주전 171년에 그의 정부 안티오키스(Antiochis)에게 선물로 주었고, 그때 다소를 자유도시로 만들고 유대인들을 이주시켜 시민권을 주었습니다. 이때 바울의 조상이 시민권을 받았을 것으로 추정합니다.

(2) 주전 43년 수리아 총독 카시우스(Casius)가 빌립보로 전투를 하러 갈 때 다소를 지나는데 다소로부터 도움을 받지 못하자 도시를 불태우는 사건이 발생합니다. 그 후 주전 42년 빌립보 전투에서 안토니우스와 옥타비아누스가 승리하고 다소의 공을 인정하여 조세 감면 혜택을 부여합니다. 또 자유 도시로 승격시키면서 로마 시민권도 부여했습니다. 바울의 조상은 아마도 이때 로마 시민권을 받았을 것으로 추정합니다.

5) 바울이 태어난 다소는 어떤 곳일까요?

첫째, 다소는 소아시아의 동서를 연결하는 내륙 도시이며, 지중해

---

6) 권오현 (1997), *바울의 생애(1)*, 148-149.

클레오파트라의 문
다소의 항구 근처에 있는 문으로 다소의 남문이라 할 수 있다. B.C. 41년에 클레오파트라가 이집트에서 다소로 왔을 때 이 문을 통해 시내로 들어왔고, 이로 인하여 '클레오파트라의 문' 이라 불려진다.

의 배들이 오고 가는 항구 도시였습니다. 또한 규칙적, 금욕주의적, 합리주의적 철학인 스토아 학파의 중심 도시이며, 수사학과 교육의 도시였습니다.[7]

둘째, 도시의 북쪽에는 아주 높은 타우루스 산맥(Taurus Mountains)이 있는데, 이 산맥이 북쪽과 남쪽의 공기 흐름을 막아 여름에는 뜨거운 더위를, 겨울에는 뼈 시린 추위와 함께 많은 양의 비를 가져다

---

7) Zoroğlu, Levent (1995), *A Guide to Tarsus*, 21-22. 권오현 (1997), *바울의 생애 (1)*, 149-150.

주었습니다. 특히 겨울에 내리는 많은 비는 다소 시내를 관통하는 키드누스(Cydnus) 강의 범람으로 이어져 다소 시민들에게 큰 피해를 입혔습니다. 이런 환경 때문에 다소에는 옛날부터 열병과 뼈 관련 질병이 빈번하게 나타났습니다.

셋째, 헬라의 도시인 다소에서 태어난 바울은 자연스럽게 헬라어와 아람어(행 21:40, 26:14)를 사용하였습니다. 가정에서는 바리새인이었던 부모님의 지도하에, 회당에서는 율법선생의 지도하에 히브리 언어와 문학 그리고 유대 종교 등을 배웠습니다.

넷째, 15세가 넘어서면서 기술을 한 가지 배웠는데, 다소에서 유명했던 흑염소 털로 천막, 일명 길리기움(Cilicium)을 만드는 기술이었습니다.8) 바울은 이후 선교 여행 중에 천막 만드는 기술을 활용하였

길리기움(Cilicium)
흑염소 털로 만든 양탄자, 담요, 의류 및 텐트를 말한다. 바울은 예루살렘으로 유학을 떠나기 전, 길리기아 지방에서 유명한 길리기움을 만드는 기술을 배웠다.

---

8) Goodspeed, Edgar J. (1993), *바울*, 22.

습니다(행 18:1-3).

다섯째, 바울은 전문 장인의 삶보다는 부모님의 영향을 받아 바리새인이 되기로 결정하였습니다.

바리새인이 된 사람들의 목적은 대부분 진정한 유대인이 되는 것이었습니다. 그들은 진정한 유대인이란 '하나님의 말씀을 배워 알고, 그것을 지켜 행하는 자'라고 생각했습니다. 이것은 바벨론 포로 시절을 경험하면서 깨달은 교훈입니다.[9]

이스라엘 백성은 과거에 하나님의 말씀을 몰랐기에 불순종했습니다. 우상숭배도 서슴지 않았습니다. 그때 하나님께서 유대인들에게 벌을 주셨는데, 그 벌이 이스라엘의 멸망이요, 바벨론 포로 생활이었다는 것입니다. 이를 통해 하나님의 말씀을 알고 지켜나가는 것이 벌받지 않는 길이요, 진정한 유대인이 되는 길임을 깨달았습니다.

바울도 진정한 유대인이 되기 위해 바리새인이 되기로 결심했고 예루살렘으로 유학을 갔습니다. 그는 유학 생활을 시작하고 기독교인이 되기까지 약 20년에 가까운 기간 동안 바리새인으로 살았습니다.

2. 바울의 예루살렘 유학 생활

십대 중반의 바울은 예루살렘에서 가말리엘 1세의 문하생으로 공부하였습니다. 가말리엘 1세의 문하생이 됨으로 바리새인이 되는 출발을 한 것입니다.

---

9) 노우호 (2006), *신구약 중간사*, 233-234.

1) 성경에 나오는 가말리엘은 가말리엘 1세(Gamaliel I)입니다.

첫째, 가말리엘 1세의 할아버지는 힐렐(Hillel)로, 주전 60년부터 주후 20년까지 당시 민간에 구전된 율법을 체계적으로 연구한 탁월한 학자였고,[10] 아버지는 성경에 의롭고 경건한 자(눅 2:25)로 소개된 시므온(Simeon)입니다.

둘째, 가말리엘 1세는 할아버지 힐렐 때부터 가문 대대로 내려오는 경건한 신앙과 신학을 이어받아 예루살렘 최고의 유대인 율법학자가 되었습니다. 율법 해석에 엄격한 샴마이(Shammai) 학파와는 달리 율법 해석에 온건한 입장을 취한 힐렐(Hillel) 학파의 대표적인 인물로서 안식일, 이혼 등에 대해 자유롭고 온건한 견해를 가졌습니다. 출중한 학문과 능력으로 예루살렘 백성들로부터 존경과 높임을 받았고 바울도 그의 문하생이 되었습니다(행 22:3). 가말리엘 1세의 문하생을 거치지 않고는 주후 1세기 당시 이스라엘 사회에서 영향력을 끼칠 수 없을 정도였습니다.[11]

셋째, 바울의 스승인 가말리엘 1세는 산헤드린 공회 회원으로 사도들의 복음 전파에 너그러운 입장을 취하여(행 5:38-39) 초기 복음 확장에 간접 영향을 끼치기도 하였습니다.

2) 산헤드린(Sanhedrin) 공회는 무엇일까요?

첫째, 공회의 기원은 모세가 70인의 장로들을 임명한 역사에서 찾습니다(민 11:16).

둘째, 예루살렘에 있던 유대인들의 최고 의회이자 의결 기관이며, 대제사장, 사두개인, 장로(족장 혹은 지주) 그리고 바리새인까지 하여

---

10) 권오현 (1997), *바울의 생애(1)*, 164. Goodspeed, Edgar J. (1993), *바울*, 21.
11) 이영철 (2013), *사도 바울*, 29-30.

총 71명으로 구성되어 있었습니다.

셋째, 산헤드린 공회는 주후 20~30년까지 예루살렘 성전 안에서 모였고, 이후에는 성전 옆에 있는 바실리카의 로열 스토아(Royal Stoa)에서 모였습니다. 그러나 주후 70년, 예루살렘이 멸망한 후 산헤드린 공회도 사라졌습니다.

넷째, 산헤드린 공회의 모임은 안식일과 축일을 제외하고는 매일 열렸는데, 예수님이 바로 이 산헤드린 공회 앞에 세워졌습니다(마 26:59). 베드로와 요한이 이곳에서 심문을 받았고(행 4:5-15), 나중에 바울도 여기서 심문을 받습니다; "이튿날 천부장은 유대인들이 무슨 일로 그를 고발하는지 진상을 알고자 하여 그 결박을 풀고 명하여 제사장들과 온 공회를 모으고 바울을 데리고 내려가서 그들 앞에 세우니라"(행 22:30).

3) 유대인들은 예수님을 그리스도로 인정하지 않았습니다.

첫째, 유대인들은 대부분이 영적 맹인이었기 때문입니다. 유대인들은 복음의 말씀을 듣고, 많은 기적을 듣고 보고도 깨닫지 못했습니다(마 13:14). 바울도 한때 그들과 똑같은 영적 맹인이었습니다; "너희가 듣기는 들어도 깨닫지 못할 것이요, 보기는 보아도 알지 못하리라"(마 13:14).

(1) 바울이 알고 있는 '율법의 근본 의미'는 레위기 18장 5절의 "율법으로 말미암는 의를 행하는 사람은 그 의로 살리라"(롬 10:5)입니다. 그래서 유대인들은 율법을 입으로 읽고, 외우고, 고백하면서 실천하려고 하였습니다.

(2) 그런데 유대인들의 율법 신앙은 사람의 의에 머물렀습니다. 열정은 있어서 뭘 모르면서도 무조건 헌신적으로 신앙생활을 하는 것입니다. 그것을 가리켜 바울은 '자기 의를 세우려고 하나님의 의에

복종하지 않는 것'이라고 했습니다; "하나님의 의를 모르고 자기 의를 세우려고 힘써 하나님의 의에 복종하지 아니하였느니라"(롬 10:3).

유대인들은 하나님의 말씀이 예수 그리스도를 가리킨다는 사실, '예수 그리스도가 바로 하나님의 의'라는 것을 깨닫지 못했습니다.

둘째, 유대인들은 메시아를 잘못 이해하고 있었습니다.

(1) 유대인들은 자신들의 삶을 변화시켜 줄 구원자인 메시아를 500년 이상 기다려 왔습니다. 번창했던 다윗 왕 시절을 회고하면서, 구약의 예언서에서 예언한 말씀을 믿고 바벨론으로 포로로 끌려가 살았던 70년, 그리고 그리스, 로마의 지배를 받던 그 고난의 시간에도 인내하며 이스라엘을 회복시켜 줄 새로운 왕이 올 것을 기다렸습니다. 그런데 예수님이 나타나 하나님의 말씀을 전하시고 기적을 행하셨습니다. 이는 틀림없는 메시아였습니다. 그래서 유대인들은 예수님이 예루살렘에 들어오실 때 메시아의 입성으로 환영했습니다.

(2) 그런데 예수님의 모습은 자기들이 생각한 것과는 달랐습니다. 그만한 능력이 있으면서도 왜 로마 정부를 그냥 보고만 있는지, 굶주리고 있는 백성들을 그냥 보고만 있는지 유대인들은 이해할 수 없었습니다. 그래서 예수님을 의심하기 시작했고, 결국 예수님이 메시아가 아니라는 결론을 내리고 예수님을 십자가에 못 박게 했습니다.

셋째, 유대교 지도자들은 권세의 욕심이 있었습니다.

만일 예수님이 메시아라고 한다면 그때까지 자기들이 누렸던 많은 특권과 권세를 다 예수님 앞에 내려놓아야 합니다. 그런데 이것은 쉬운 일이 아닙니다. 그래서 유대 지도자들은 예수님이 메시아가 아니기를 바라며 예수님을 시험하고 모함하고 비난하고 헐뜯고 결국 예수님을 신성모독 죄(요 19:7)로 고발하여 십자가에 달아 죽인 것입니다; "…그가 자기를 하나님의 아들이라 함이니이다"(요 19:7).

4) 바울은 이런 관점 외에도 다른 이유로 예수님을 메시아로 인정하지 않았습니다.[12]

첫째, 바울은 예수를 믿는 자들이 가짜 메시아를 전파하고 있다고 생각했습니다.

'나무에 달린 자는 하나님으로부터 저주를 받은 자'(신 21:23)라는 유대 전통이 있었는데, 메시아라고 주장하는 예수가 나무로 만든 십자가에 달렸기 때문에 바울은 기독교인들이 가짜 메시아를 전파한다고 하였습니다. 심지어 예수가 다시 사셨다는 주장에 대해서 기독교인들을 거짓말쟁이라고 하였습니다.

둘째, 예수를 믿는 자들의 신앙이 유대교의 율법과 전통에 반기를 들고 있다고 생각했습니다.

(1) 당시 예루살렘 교회에는 예수님을 믿는 히브리파 유대인 성도들과 헬라파 유대인 성도들로 나뉘어 있었습니다. 그런데 교회 안에 있었던 구제와 봉사가 균등하지 않다는 헬라파 유대인 성도들의 원망이 터져 나와 예루살렘 교회는 일곱 집사를 뽑아 문제를 해결하도록 하였습니다.

(2) 그런데 히브리파 유대인 성도들과 헬라파 유대인 성도들 사이에는 믿음의 큰 차이가 있었습니다. 헬라파 유대인 성도들은 '예수께서 세상에 오셔서 주가 되시고 메시아가 되셨기 때문에 유대인의 종교와 율법과 성전은 끝났다'라고 주장하면서 성전이 아닌 회당을 중심으로 예수님의 주와 메시아 되심을 전하였습니다(행 2:36). 그러나 히브리파 유대인 성도들은 '구원을 받으려면 할례를 받고 유대 율법에 따라 사는 유대교 성도가 되어야 한다'라고 하였습니다.

(3) 헬라파 유대인 성도들의 주장은 히브리파 유대인 성도들의 주

---

12) 권오현 (1997), 바울의 생애(1), 198.

예루살렘에 있는 스데반 순교 교회
스데반은 예루살렘 성전의 북동쪽에 있는 '처형의 바위' 위에서 손과 발이 묶여 돌에 맞아 순교를 하였는데, 순교한 장소 옆에 스데반의 순교를 기념하는 교회가 세워졌다.

장을 압도적으로 장악하였습니다. 헬라파 유대인 성도들의 대표들 중에 하나였던 스데반은 사도행전 6-7장에서, 산헤드린 공회 앞에서 헬라파 유대인 성도들의 신앙 논리에 근거하여 유대인의 종교와 율법 그리고 성전 시대가 끝났고 예수의 주와 그리스도 되심을 강조하였습니다. 즉, 성전과 율법 문제가 이들 논쟁의 핵심이었습니다.

(4) 스데반은 설교의 끝 부분에서 유대인들을 '목이 곧고 마음과 귀에 할례를 받지 못한 자들'(행 7:51) 그리고 '천사의 전한 율법을 받고도 지키지 아니한 자들'(행 7:53)이라고 비난했고, 이를 들은 유대인들은 마음에 찔려 스데반을 향하여 이를 갈았습니다(행 7:54). 그들 중에 바울도 포함되어 있었고 '스데반이 유대교를 모독하고 예루살렘 성전을 헐고, 모세의 율법을 고치겠다고 했다'라는 혐의(행 6:13-14)에 동의하여 스데반을 돌로 쳐 죽이는 데 결정적인 증인으로 전면에 나섰습니다.

5) 당시 바울의 영적인 충격은 대단했습니다.

첫째, 태어나면서부터 배웠던 율법 준수와 예루살렘 성전을 중심으로 한 바울의 세계는, 율법과 성전 시대가 끝났다고 주장하는 스데반의 주장에 완전히 무너졌습니다. 바울은 자기 생각이 옳다고 여겼기 때문에 하나님의 의에 복종하지 않고 자기 의를 세우려고 교회를 핍박하였습니다; "하나님의 의를 모르고 자기 의를 세우려고 힘써 하나님의 의에 복종하지 아니하였느니라"(롬 10:3).

둘째, 예수님을 만나기 이전의 바울은 어떤 신앙의 사람이었을까요?

(1) 하나님을 믿는 믿음보다 유대의 전통적이며 히브리 혈통적인 관례와 율법 준수를 주장하는 율법적인 유대인이었습니다.

(2) 하나님을 믿어 의롭다 함을 받음보다, 자기의 율법 준수를 통해서 의로워지려고 노력했던 종교적인 유대인이었습니다.

(3) 하나님의 전적인 은혜보다 자신의 도덕성을 의지했던 도덕적인 유대인이었습니다.

즉, 바울은 율법적인 유대인, 종교적인 유대인 그리고 도덕적인 유대인이었습니다. 바울은 그리스도 안에 계시되는 '하나님의 은혜', '진리의 보혜사 성령'과는 상관이 없었습니다. 그는 오직 율법 선생으로서 모세의 자리에 앉아 판단하는 자였을 뿐입니다. 오늘날 개신교적 표현으로는 율법적인 크리스천, 종교적인 크리스천 그리고 도덕적인 크리스천이라고 할 수 있습니다.[13]

---

13) 방요한 (2014), *왕과 사도*, 21-22.

6) 스데반의 순교 이후 예루살렘 교회에 큰 핍박이 일어났습니다.

첫째, 당시 예수님을 믿는 사람들은 회당이나 예수님에게 봉사했던 성도의 집에서 모임을 가졌습니다. 정확하게 모임 장소가 몇 개이고 어디에 있었는지 확인할 수 없지만, 그중의 하나는 마가의 다락방이었습니다.

둘째, 마가의 다락방은 예수님께서 로마 군에게 체포되기 전날 열두 제자와 함께 마지막 유월절 만찬을 나누신 곳이고, 예수님께서 승천하신 후 제자들이 오순절 때 함께 모여 기도하다가 성령을 받았던 곳입니다. 이처럼 성도들이 자주 사용하던 곳이었기에 일반 유대인들도 그곳을 모임 장소로 이미 알고 있었습니다.

셋째, 유대인들이 바울을 중심으로 마가의 다락방을 포함하여 예루살렘의 각 집을 다니며 예수님을 믿는 남녀를 끌어다가 옥에 넘겼고, 사도를 제외한 모든 성도들은 핍박을 피해 유대와 사마리아 모든 땅으로 흩어졌습니다; "사울은 그가 죽임 당함을 마땅히 여기더라 그날에 예루살렘에 있는 교회에 큰 박해가 있어 사도 외에는 다 유대와 사마리아 모든 땅으로 흩어지니라"(행 8:1).

제2장
예수님 만난 이후의 바울

1. 다메섹으로 가는 길에 주님을 만나다

바울은 예수 믿는 자들에 대하여 위협과 광기 그리고 살기가 등등하여 아예 대제사장의 공문을 받아서 교회를 잔멸하고 예수 믿는 자들을 투옥하기 위해 디메섹으로 향했습니다. 다메섹을 약 18km 앞둔 알 키스와(Al Kiswa) 코아캅(Kokab/Artoz) 지역에서 바울은 해보다 더 밝은 빛 가운데 현현하신 예수 그리스도를 만났습니다; "사울아 사울아 네가 어찌하여 나를 박해하느냐…나는 네가 박해하는 예수라"(행 9:4-5). "사울이 땅에서 일어나 눈은 떴으나 아무것도 보지 못하고 사람의 손에 끌려 다메섹으로 들어가서 사흘 동안 보지 못하고 먹지도 마시지도 아니하니라"(행 9:8-9).

앞에서 언급한 대로 예수님을 만나기 이전의 바울은 철저하게 하나님을 믿는 믿음보다 유대의 전통적이며 히브리 혈통적인 관례와

다메섹 근교 '코아캅'(Kokab)에 있는 바울 회심 교회
다메섹에서 헤르몬 산 쪽으로 난 옛 도로를 따라 약 18km 정도 떨어진 알 키스와(Al Kiswa) 지역의 코아캅(Kokab) 마을에서 바울은 예수님을 만나 회심을 한다.

율법 준수를 주장하는 율법적인 유대인, 하나님을 믿어 의롭다 함을 받기보다 자기의 율법 준수를 통해서 의로워지려고 노력했던 종교적인 유대인 그리고 하나님의 전적인 은혜보다 자신의 도덕성을 의지했던 도덕적인 유대인으로 살았습니다.

1) 주님과의 만남은 바울의 삶에서 엄청난 사건입니다.

첫째, 이 사건을 통해 유대 율법과 전통에 따라 살아왔던 바리새인의 삶이 한순간에 물거품이 되는 아픔을 맛보았습니다.

둘째, 이 사건은 율법적, 종교적 그리고 도덕적인 바울에게 하나님의 은혜가 임하는 축복의 순간이었습니다. 예를 들어 율법적인 사람들의 공통점은 무언가 잘 안 된다는 느낌을 갖는다는 것입니다. 10~20년 율법을 지키면 믿음이 좋아질 줄 알았는데, 매일 열심히 하면 잘될 줄 알았는데 그렇지 않다는 것을 느끼게 됩니다. 그러나 포기하기에는 시간이 너무 지나 버렸습니다. 그런 상태에서 본인이 사는 길은 자기를 감추고 남을 비난하는 것입니다. 그래서 바울은 예수 믿는 자들을 박해하기 시작한 것입니다. 그런데 그런 그가 예수님을 만나고 평안을 얻었습니다.[14] 바울은 율법의 요구가 완성된 것을 알게 되었습니다(롬 8:4).

셋째, 주님의 은혜를 경험하지 않으면, 누구든지 바리새인이었던 바울과 같이 '율법적 지성'과 '종교적 열성' 그리고 '자신의 도덕적 자아'에 사로잡히게 됩니다. 오늘날 현대 교회의 구성원들은 모세의 자리에 앉아 '도덕적 행실'과 '종교적 열심'으로 교회를 가득 채우고 있습니다. 심지어는 강단에서조차 성도들에게 "착하고 바르게 사세요. 남에게 폐를 끼치지 마세요. 교회에서는 열심히 봉사해야 합니다. 봉사하면 축복받습니다"라며 인간의 의를 가르치고 있습니다. 점점 하나님의 의를 부르지 않는 교회가

다메섹에 있는 유다의 집
예수님을 만난 바울은 다메섹에 들어와 직가 거리 옆에 살던 유다의 집에 머물렀다.

---

14) 김진무 (2016), *기쁨의 노래*, 11-14.

다메섹에 있는 아나니아 가정 교회
예수님이 세우신 70명의 제자 중 한 명인 아나니아의 집이 다메섹의 중심 도로인 직가 거리의 동쪽에 있었는데, 아나니아는 집을 예배당으로 활용하였다.

되어 가고 있습니다.[15]

넷째, 다메섹에 있었던 주의 제자 아나니아가 주님의 말씀을 바울에게 전합니다. 그리스 전통에 의하면 아나니아는 다메섹 출신으로 예수님이 선택한 70명(눅 10:1)의 제자들 중에 한 명으로 스데반이 죽고 나서 고향으로 돌아가 다메섹의 첫 번째 감독이 되었다고 합니다.

2) 바울은 아나니아에게 안수 기도를 받았습니다.

아나니아가 하나님의 명령을 따라 직가 거리의 유다의 집에 있던

---

15) 방요한 (2014), *왕과 사도*, 52.

바울에게 안수 기도를 할 때 어떤 일이 일어났습니까?

첫째, '모세의 수건'(고후 3:16)이며, '종교적인 열정'이고 '자기의 도덕적인 의로움'이던 비늘이 바울의 눈에서 벗겨졌습니다. 바로 이 비늘이 살아 계신 주님을 보지 못하게 한 것입니다.

둘째, 하나님의 은혜가 바울에게 임하였습니다. 즉, 하나님의 은혜로 죄 사함, 죄 씻음 그리고 죄 용서함이 나타나면서 바울은 그리스도 안에서 의롭다 함을 받았습니다.

셋째, 바울은 유대의 율법적, 종교적, 도덕적 자부심이었던 할례 대신에 예수 그리스도의 이름으로 세례를 받았습니다. 이제 바울은 더 이상 유대인이 아니고 이방인도 아니며, 오직 그리스도 안에서 새로운 피조물이 되었습니다(고후 5:17).

넷째, 종교적인 열성분자였던 바울에게 성령 충만이 주어졌습니다. 바울은 율법의 의로 흠이 없기 위해 얼마나 많이 노력했습니까? 율법대로 살려고 하고, 거룩하기 위하여, 의인이 되려고, 선해지려고, 죄를 짓지 않으려고, 하나님을 사랑해 보려고 열정과 열심을 다했습니다. 그런데 그의 모든 열정은 하나님과 전혀 상관이 없는 자기중심적 열정이었을 뿐입니다. 그러나 이제 바울에게 성령 충만의 은혜가 나타났습니다.

2. 바울의 소명과 사명

1) 바울의 눈에서 비늘이 벗겨졌습니다.

바울의 눈을 가로막던 비늘, 즉 모세의 수건이 벗어짐으로 인하여 그리스도 안에서 바울의 마음의 눈이 열렸고, 동시에 소명(Calling)과 사명(Mission)이 주어졌습니다; "이스라엘과 이방인들에게서 내가 너를 구원하여 그들에게 보내어 그 눈을 뜨게 하여 어둠에서 빛으로, 사탄의 권세에서 하나님께로 돌아오게 하고 죄 사함과 나를 믿어 거룩하게 된 무리 가운데서 기업을 얻게 하리라 하더이다"(행 26:17-18).

첫째, 바울은 예수 그리스도로부터 소명을 받았습니다. 바울은 그리스도 예수의 이름을 이방인과 임금들과 이스라엘 자손들 앞에 전하기 위해 선택된 그릇이었습니다. 즉, 바울은 예수의 이름을 전하기 위한 소명을 받은 것입니다; "주께서 이르시되 가라 이 사람은 내 이름을 이방인과 임금들과 이스라엘 자손들에게 전하기 위하여 택한 나의 그릇이라 그가 내 이름을 위하여 얼마나 고난을 받아야 할 것을 내가 그에게 보이리라 하시니"(행 9:15-16).

둘째, 소명을 받은 바울이 감당해야 할 사명은 '이스라엘과 이방인들의 눈을 뜨게 해주고 어두움에서 빛으로, 사탄의 권세에서 하나님께로, 죄 사함과 하나님 나라의 기업을 얻게 하는 것'(행 26:17-18)이었습니다. 그뿐만 아니라 '사명을 이루기 위해서 해를 받을 것'(행 9:16)도 알게 하셨습니다.

셋째, 바울이 소명과 사명으로 주님의 일을 시작한 것처럼 우리도 하나님이 주신 소명과 사명으로 주님의 일을 하는 것이 '올바른 선교의 시작'일 것입니다. 소명과 사명을 받은 사람은 반드시 하나님으로부터 사명을 이룰 수 있는 은사를 받게 되고, 하나님께서 주신 은사를 받아 사역하는 사람은 수고하고 애쓰며 여러 번 자지 못하고 주리며 목마르고 여러 번 굶고 춥고 헐벗었을지라도 하나님의 일을 이루려는 열정(고후 11:27)으로 많은 열매를 맺게 됩니다; "너희가 나를 택한 것이 아니요 내가 너희를 택하여 세웠나니 이는 너희로 가서 열매를 맺게 하고 또 너희 열매가 항상 있게 하여 내 이름으로 아버지께 무엇을 구하든지 다 받게 하려 함이라"(요 15:16).

넷째, 하나님의 부르심 없이 본인이 스스로 사역에 참여한다면,

그에 걸맞는 은사도 없고 꼭 이루겠다는 열정도 없으니 열매도 없습니다. 오늘날 많은 교인이 하나님의 소명 없이 자원봉사자와 같이 일을 하고 있습니다. 그뿐만 아니라 복음을 잘 전하려고 하지도 않습니다. 복음을 전한다 할지라도 고난을 받고 싶어 하지 않습니다. 그러나 주님은 '복음을 전하면 해를 입는다'(행 9:16)라고 하십니다. 우리는 해를 입을지라도 복음을 전해야 합니다. 복음을 전할 때 고난이 있어도 놀라지 말고 주님을 의지하면 주님께서 우리의 나아갈 길을 가르쳐 주시기 때문입니다.

2) 하나님으로부터 소명과 사명을 받은 바울은 바로 움직이기 시작했습니다.

이방인에게 예수를 전하기 위해 부름을 받은(갈 1:16) 바울은 바리새인의 삶을 포기하고 받은 사명을 이루기 위해 열정과 열심을 다하였습니다. 그는 하나님의 복음을 전할 때 하나님께서 자신을 사도로 부르시되, 특별히 '이방인의 사도'로 세우셨다고 고백했습니다; "나를 이방인의 사도로 삼으셨느니라…우리는 이방인에게로, 그들은 할례자에게로 가게 하려 함이라"(갈 2:8-9).

첫째, 주후 48년에 있었던 예루살렘 회의에서 예수님의 사도들이 바울과 교제하며 바울 스스로가 자기를 사도로 칭한 것에 대해 아무런 제재를 가하지 않음으로(갈 2:9) 바울을 사도로 인정했다는 것을 알 수 있습니다. 오히려 바울은 베드로가 이방인과 음식을 먹다가 야고보의 사신들이 도착했다는 소식을 듣고 할례자들을 두려워하여 그곳을 떠나고 바나바조차 유혹되었을 때 베드로에게 가르침을 줄 정도로(갈 2:11-14) '이방인의 사도'로 선택받은 것에 대한 확신과 자부심이 있었습니다.

둘째, 바울은 '이방인의 사도'로서 다메섹에 있던 제자들의 도움

다메섹 성벽
바울의 제자들이 바울을 광주리에 담아 다메섹 성에서 탈출을 시켰다.

으로 예수님에 대한 복음의 말씀을 배우고(행 9:19), 건강을 회복하자마자 곧바로 회당에서 십자가에서 죽으시고 부활하신 예수가 하나님의 아들이시며 그리스도라는 사실을 전파하였습니다(행 9:20-22). 다시 말해서, 바울은 주님을 만나 회심한 이후 곧바로 복음을 전하였고 이후 어려움이 생겼을 때 양육한 제자들의 도움으로 달아날 수 있었습니다; "그의 제자들이 밤에 사울을 광주리에 담아 성벽에서 달아 내리니라"(행 9:25).

3) 바울은 짧은 기간 동안에 다메섹에서 어떻게 제자를 양육할 수 있었을까요?[16]

첫째, 바울은 다메섹의 아나니아와 성도들로부터 제자 양육을 받고 자기의 제자를 양성했을 것입니다(행 9:19).

둘째, 그렇다면 다메섹의 아나니아와 성도들은 누구로부터 제자 양육을 받았을까요? 예루살렘 교회로부터 제자 양육을 받았습니다. 그리고 예루살렘 교회 성도들은 예수님으로부터 양육을 받았습니다. 무슨 말이냐면, 바울은 결국 예루살렘 교회로부터 제자 양육을 받았다는 것입니다.

셋째, 예루살렘 교회의 제자 양육 방법은, 성전에 있든지 집에 있든지 날마다 예수는 그리스도라 가르치며 전도를 계속하는 것입니다(행 5:42). 그렇다면 예루살렘 교회는 그 당시 박해를 두려워하지 않고 성령 충만으로 복음을 전하던 성도들에게 왜 날마다 제자 양육을 했을까요?

(1) 베드로가 박해를 받으면서, 사도들이 죽으면 예수가 그리스도이심을 후대에 전할 방법이 없게 된다는 것을 깨달았습니다. 그래서 후대에 복음을 전하기 위해 시스템을 만들었습니다.

(2) 오순절에 성령 받은 성도들이 계속해서 성령 충만을 유지하는 방법으로 시스템을 만들었습니다.

바울은 다메섹의 성도들로부터 초대교회의 제자 양육 방법을 배웠고, 이 방법을 사용하여 제자들을 양성하였습니다. 다시 말해 바울은 다메섹 도상에서 예수님을 만난 후 제자를 양육하며 복음을 전하기 시작한 것입니다.

---

[16] 안창천 (2019), 그들은 어떻게 전도했는가? 180-181.

4) 그러나 바울은 다메섹에 오랫동안 있을 수 없었습니다. 그 이유는 무엇일까요?

첫째, 십자가에서 죽으시고 부활하신 예수가 하나님의 아들이심과 그리스도이심을 가르치고 전파하는 바울에 대해 불만을 품은 유대인들이 바울을 잡으려고 하였습니다(행 9:23).

둘째, 다메섹을 지배하던 나바테아 왕국의 지방 행정 장관이 바울을 잡으려고 하였습니다(고후 11:32-33). 그 당시 헤롯 안티파스(Herod Antipas)는 갈릴리와 베뢰아를 다스리던 분봉왕으로, 나바테아 왕국의 왕 아레타스 4세의 딸을 부인으로 맞이하는 정략결혼을 했습니다. 그러나 곧 이혼하고 동생 빌립의 아내 헤로디아를 유혹하여 결혼하였습니다(막 6:17). 이로 인해 유대와 나바테아 왕국은 전쟁까지 치렀고, 전쟁으로 인한 긴장 상태는 수년 동안 계속되었습니다. 이때 바울이 다메섹에 들어와 이곳 저곳을 다니며 제자를 양육하고 복음을 전하다가 유대의 스파이로 주목받게 되어 한밤중 성벽에서 광주리를 타고 탈출하였습니다. 시리아 정교회 전승에 의하면 누만(Numan)이라는 성도의 집 2층에서 광주리로 탈출하였다고 합니다.[17]

3. 바울과 아라비아

바울은 다메섹을 탈출하고 아랍인들이 사는 지역인 아라비아에서 수년을 머물렀습니다(갈 1:17). 바울의 선교 전략이 대도시 중심 선교라고 한다면, 2만 명의 인구가 살 수 있는 요르단의 페트라 또는 약 10만 명에 육박하는 인구가 살 수 있는 시리아의 보스라에 바울

---

17) Murphy-O'Connor, Jerome (2006), *바울 이야기*, 44-45.

페트라
요르단의 페트라. 다메섹에서 남쪽으로 페트라까지의 거리는 약 360km이다.

보스라
수리아의 보스라. 다메섹에서 보스라까지의 거리는 약 141km이다.

이 머물렀을 가능성이 있습니다.

1) 바울은 아라비아에서 무엇을 했을까요?

십자가에서 죽으시고 부활하신 예수가 하나님의 아들 그리스도 이심을 가르치고 전했을 것입니다.

첫째, 바울은 다메섹 도상에서 주님으로부터 '사도'로 부르심을 받고 다메섹 회당에서 예수가 하나님의 아들 그리스도이심을 가르치고 전했기 때문입니다(행 9:20-22).

둘째, 바나바는 바울이 길에서 주를 본 것, 주께서 그에게 말씀하신 것, 다메섹에서 그가 예수의 이름으로 담대히 말했던 것을 예루살렘에 있던 사도들에게 설명했습니다(행 9:27).

즉, 바울이 다메섹에서 제자를 양육하고 복음을 전하면서 핍박을 받았고, 그래서 성을 탈출하여 아라비아로 갔기 때문에, 아라비아에 가서도 바울은 제자를 양육하고 복음을 전하는 데 힘을 쏟았을 것입니다.

2) 바울은 약 3년 뒤 베드로를 만나기 위해 예루살렘을 방문합니다 (갈 1:17-18).

첫째, 바울은 예루살렘에서 누구와 교제했을까요?
(1) 바울은 바나바의 도움을 받았습니다(행 9:27).
(2) 바울은 베드로와 함께 15일간 머물렀습니다(갈 1:18).
(3) 바울은 예수님의 동생인 야고보와 교제했습니다(갈 1:19).
둘째, 바울이 다른 사도들과는 왜 교제를 못했을까요?
예수님의 제자들은 과거 바울이 스데반을 죽이는 데 큰 역할을 했고 예수님을 믿는 사람들을 잡으려고 다메섹까지 가려고 했기에 이제 자기들을 잡으려고 한다고 생각하여 바울을 만나 주지 않았습니다(행 9:26).

셋째, 바울은 예루살렘에 짧게 머무는 동안 무엇을 했을까요?

(1) 바울이 길에서 어떻게 주를 본 것과 주와 대화한 일과 다메섹에서 어떻게 예수의 이름으로 담대히 말했는지를 바나바와 베드로 그리고 예수님의 동생 야고보에게 설명했습니다(행 9:27).

(2) 바울은 이들에게서 '예수 그리스도에 대한 지식과 가르침'을 들었습니다.

(3) 바울은 예루살렘에서 잠시 머무르는 동안에도 복음 전파를 위해 뛰어다녔습니다(행 9:29).

그러나 유대인들의 박해로(행 9:29) 예루살렘을 떠나 가이사랴를 거쳐 다소로 내려가게 되었습니다.

4. 다소에서 한 일

바울이 다소에 간 후에는 어떤 일을 했을까요? 사도행전 23장 16절에 바울의 생질이 언급되어 있는데, 이를 통해 바울에게 출가한 누이가 있었다는 것을 알 수 있습니다. 그 외 부모에 대해서는 언급하고 있지 않습니다.

1) 바울은 상속권을 박탈 당했습니다.

첫째, F.F. 브루스는 빌립보서 3장 8절의 '내가 예수를 위해 모두 잃어버렸다'를 인용하면서 바울이 부모로부터 받게 될 상속권을 모두 박탈 당했다고 합니다.

둘째, 바울이 당대 최고의 스승이었던 가말리엘 1세의 훌륭한 제자로 다소에 온 것이 아니라 예수님의 제자로 돌아왔고, 이를 본 부모는 크게 실망하여 모든 상속권을 박탈했을 것이라고 합니다.

2) 바울의 부모는 바울에게 무엇을 기대했을까요?

첫째, 아마도 바울의 아버지는 바울이 훌륭한 바리새인이 되기를 간절히 바랐을 것입니다. 그래서 바울을 예루살렘으로 유학을 보내어 가말리엘 1세의 문하에서 율법을 공부하게 하고 훌륭한 바리새인이 되도록 아낌없이 지원하였을 것입니다. 바울은 훌륭한 바리새인이 되어 예루살렘 산헤드린에서 상당히 유력한 지위를 차지할 지도자적 위치에 있었습니다.

둘째, 바울은 어느 날 다메섹 도상에서 부활하신 예수님을 만나면서 갑자기 그의 일생의 방향을 바꾸었습니다. 바리새인 생활을 청산하고 이방인들에게 예수 그리스도의 복음을 전하는 사도로서 일생을 보내겠다고 했습니다.

⑴ 철저한 바리새인이었던 바울의 아버지는 일종의 배신감을 느껴 바울에게 상속권을 박탈했을 가능성이 있습니다.

⑵ 혹은 바울이 자발적으로 그리스도를 위하여 자신의 유산을 포기했을 가능성도 있습니다.

5. 집에서 쫓겨난 바울

1) 바울은 다소의 부모 집에서 쫓겨난 후 어디에서 무엇을 하며 살았을까요?

바울은 부모로부터 상속권을 박탈 당하여 부모와 헤어졌습니다. 그러나 사도직을 포기하지 않고 십자가에서 죽으시고 부활하신 예수가 하나님의 아들이심과 그리스도이심를 가르치고 전하면서(행 9:20-22) 길리기아와 수리아 지방을 다녔습니다(갈 1:21-24). 주님으로부터 소명과 사명을 받은 일꾼은 잠시 쉬기도 하겠지만 마음에 계신 성령이 계속해서 예수님께서 그리스도이심을 전하게 하십니다; "내

바울 기념 교회 밖과 안, 다소
A.D. 1080년 이후 아르메니안들이 길리기아 지방에 들어와 20세기 초까지 살았는데, 이들이 18세기 말에 바울을 기념하며 교회를 세웠다.

가 아버지께로부터 너희에게 보낼 보혜사 곧 아버지께로부터 나오시는 진리의 성령이 오실 때에 그가 나를 증언하실 것이요"(요 15:26).

첫째, 바울은 주님을 만난 이후 제일 먼저 복음을 전하고 싶었던 대상이 동족인 유대인들이었습니다. 그래서 다메섹에서 제일 먼저 회당에 들어가 그들에게 복음을 전했고, 예루살렘에서도 마찬가지였습니다. 그런데 회당에 들어가 유대인들에게 복음을 전하면 전할수록 마음속에 끊임없이 계속되는 근심이 있었습니다. 바로 동족인 유대인들의 구원 문제였습니다. 바울은 유대인들에게 주님의 은혜로 깨우친 복음을 전해서 이들이 주님을 영접하여 구원을 얻는다면 세상을 복음화하는 데 크게 기여할 수 있을 것으로 생각을 하였습니다.

그런데 복음을 잘 받아들이던 이방인들에 반해 유대인들은 복음을 받아들이지 않았습니다. 오히려 복음을 전하는 바울에게 핍박을 가했습니다. 바울은 구원을 얻지 못하는 유대인들을 바라보면서 얼마나 비통하고 참담했던지, 유대인들이 구원을 얻는다면 자신이 저주를 받아 그리스도에게서 끊어져도 상관이 없다고 고백합니다; "나의 형제 곧 골육의 친척을 위하여 내 자신이 저주를 받아 그리스도에게서 끊어질지라도 원하는 바로라"(롬 9:3).

둘째, 바울은 자기 동족인 유대인들을 정말로 사랑해서 동족의 구원을 포기하지 않았습니다. 단지 지금이 아닐 뿐 반드시 구원을 얻게 될 것이라고 믿었습니다(롬 11:14). 바울은 하나님께서는 반드시 남아 있는 유대인들을 부르신다는 믿음으로 이방인들에게 복음을 전했고, 복음을 전할 때 하나님에게 감사하며 기쁜 마음으로 임할 수 있었습니다. 이방인들이 복음을 받아들이고 구원을 받아 은혜의 삶을 살 때 유대인들은 이들의 모습을 보고 시기 질투하여 결국 예수님께로 돌아올 것이므로(롬 11:14), 바울은 유대인들을 구원한다는 생각으로 보다 적극적으로 이방인들에게 복음을 전하였습니다.

다시 말해서, 바울은 자신이 이방인의 사도로 부르심(행 9:15; 갈 1:16, 2:7-8)을 받은 이면에는, 하나님께서 그로 하여금 이방인들에게 복음을 전하게 하셨고, 이방인들이 복음을 받아들이고 하나님의 축복을 받을 때 유대인들이 시기 질투하여 예수님에게 돌아오게 된다는 하나님의 깊고도 오묘한 섭리와 계획이 숨겨 있다고 생각하였습니다.

셋째, 바울은 주님을 만난 이후 초대교회의 제자 양육 방식으로(행 5:42) 복음을 전하였고 성령 충만을 유지하였습니다. 그래서 수리아와 길리기아 지방에서 사역할 때 삼층천에 다녀오는 엄청난 영적인 경험을 한 것입니다; "내가 그리스도 안에 있는 한 사람을 아노니 그는 십사 년 전에 셋째 하늘에 이끌려 간 자라 (그가 몸 안에 있었는지 몸 밖에 있었는지 나는 모르거니와 하나님은 아시느니라)"(고후 12:2).

바울은 에베소에서 사역하기 14년 전에 영적인 경험을 했다고 구체적인 시간을 이야기합니다. 바울은 그 경험을 통해 하나님의 거룩하심과 역사하심 그리고 구원과 영혼 등을 깨달았습니다. 하나님의 말씀을 전하면서 이런 엄청난 영적인 체험을 한 것입니다. 하나님의 말씀은 영이고 생명이기 때문에 하나님의 무궁무진한 영광과 능력을 경험하게 됩니다; "살리는 것은 영이니 육은 무익하니라 내가 너희에게 이른 말은 영이요 생명이라"(요 6:63).

2) 바나바가 사울을 찾아 다소에 왔습니다.

바나바가 수리아와 길리기아 지방에서 제자를 양육하며 복음을 전하는 바울을 찾으러 다소까지 옵니다(행 11:25).

'찾으러'라는 성경 구절은 찾는 데 몹시 힘들었다는 뜻입니다. 즉 바나바는 부모로부터 떨어져 독립된 삶을 살면서 제자를 양육하고 복음을 전하려고 이곳저곳을 뛰어다니던 바울을 찾아 다니느라 상당히 고생했다는 의미입니다. 바나바는 결국 바울을 찾았습니다. 그리고 안디옥에서 함께 팀 사역을 하자는 의사를 전달했고 바울이 흔쾌히 승낙하여 함께 안디옥으로 갔습니다. 바울이 3차 선교 여행의 끝에 두로에 머물렀을 때도 제자들이 어디에 있는지 몰라서 '찾았다'라고 했습니다(행 21:4).

첫째, 우리는 여기에서 하나님의 때를 생각할 수 있습니다.

(1) 바울은 처음 은혜를 받고 다메섹과 아라비아에서 제자를 양육하며 복음을 전하였습니다. 예루살렘에서는 예수님의 제자들을 만나 '예수 그리스도에 대한 지식과 가르침'을 듣고, 함께 교제하며 가능하면 팀 사역까지 생각하였는데, 제자들의 반응은 신통치 않았습니다. 그래서 바울은 나름대로의 생각을 가지고 복음을 전하기 위해 혼자 힘써 보았지만, 성과 없이 다소로 내려갈 수 밖에 없었습니다.

(2) 바울은 이전 다메섹 도상에서 회심하였지만 아직도 '하나님의 의'에 전적으로 의지하지 못하고 있었습니다. 이후 10년 가까이 되는 기간 동안 바울은 혼자서 수리아와 길리기아 지방을 다니면서 제자를 양육하고 복음을 전하였는데, 그때에 '하나님의 의'에 전적으로 의지하는 겸손한 복음전도자로 거듭났습니다; "그 후에 내가 수리아와 길리기아 지방에 이르렀으나 그리스도 안에 있는 유대의 교회들이 나를 얼굴로는 알지 못하고 다만 우리를 박해하던 자가 전에 멸하려던 그 믿음을 지금 전한다 함을 듣고"(갈 1:21-23).

(3) 하나님은 낮아질 대로 낮아진 바울을 보면서 "이제야 되었다, 함께 일하자!"라고 부르셨습니다. 하나님께서는 때(Time)를 스스로 결정하십니다. 바나바는 예수님의 제자들, 70인 제자들, 일곱 집사

등 많은 성도들로 구성된 예루살렘 교회에 안디옥 교회의 협력자를 요청할 수 있었습니다. 그러나 하나님께서는 바나바에게 바울을 선택하도록 하셨습니다.

하나님께서 모세를 부르신 때도 이집트 왕자 시절이 아니었습니다. 그가 40년의 광야 생활, 인생의 가장 고통스럽고 힘든 시절을 거치면서 자신의 나약함을 느꼈을 때, '자기의 의'로는 아무것도 할 수 없다는 것을 알게 되었을 때 하나님께서는 그제야 모세를 부르시고 사역지인 이집트로 보내셨습니다. 하나님께서는 당신의 일을, 당신이 원하시는 때에 이루어 가십니다. 그래서 우리는 하나님의 때보다 앞서 나가면 안 될 것입니다.[18]

6. 안디옥에서의 바울

1) 안디옥은 어떤 도시였을까요?

첫째, 안디옥은 국제무역의 중심지였습니다.

(1) 중국에서 시작하여 안디옥에 이르는 실크로드의 종착지였습니다.

(2) 서쪽으로는 약 30km 떨어져 있는 지중해 항구 도시 실루기아를 통해서 그리스, 로마와 아프리카로 연결되는 무역로가 만들어져 동방, 서방 그리고 아프리카를 잇는 국제적인 무역 도시였습니다.

둘째, 안디옥은 예술의 도시였습니다.

(1) 셀레우코스(Seleukos Nikator I, B.C. 358~281)는 안디옥을 대표적인 헬레니스틱 도시로 만들려고 많은 예술가들을 불러들여 대리석 도로와 호화로운 궁전, 극장, 신전 등을 모자이크 장식과 함께 만들

---

18) Bruce, F.F. (1992), *바울신학*, 17-18.

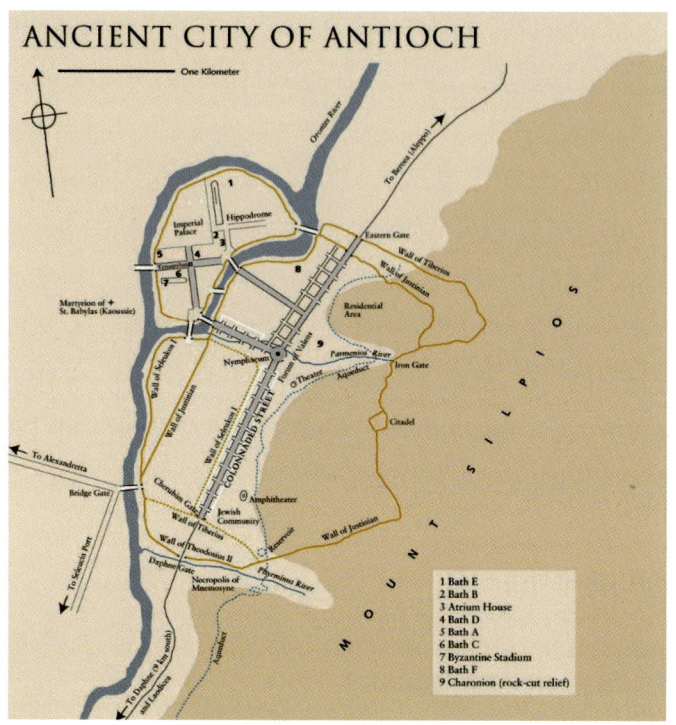

안디옥 지도

안디옥은 아마누스 산맥과 실피우스 산맥 사이에 있는 아믹 평야에 위치하며, 오론테스 강이 도시의 중앙을 관통하고 있다.

게 하였습니다.

(2) 로마의 폼페이우스는 주전 64년에 수리아 주를 만들고 안디옥을 수도로 삼으며 안디옥을 아름다운 예술의 도시로 만들었습니다. 주전 42년에는 로마 제국에서 로마, 알렉산드리아에 이어 세 번째의 큰 도시가 되었고, 안디옥은 '동양의 여왕'이라는 별명을 얻었습니다.

셋째, 안디옥의 중심에는 오론테스 강(Orontes River)이 있고 강물은 도시의 북쪽에서부터 남쪽으로 시내를 거쳐 남동쪽의 지중해로 빠져나갔습니다. 오론테스 강이 흐르는 계곡을 따라 여름에는 북쪽

안디옥에 있는 베드로 동굴 교회
안디옥의 가톨릭 교회는 베드로가 주후 42년에 안디옥에 와서 약 11년 동안 유대인의 사도로 복음을 전했다고 한다. 이 동굴은 로마의 박해 시절에 성도들이 몰래 숨어서 모임을 가진 곳으로 알려져 있다.

에서 남쪽으로 시원한 바람이, 겨울에는 남쪽에서 북쪽으로 따뜻한 바람이 도시를 지나가면서, 여름에는 다소보다 시원하고 겨울에는 따뜻하였습니다.

넷째, 안디옥에는 그리스인, 로마인 그리고 유대인을 비롯하여 다양한 사람들이 살고 있었습니다.

그리스, 로마의 종교와 문화는 서로 다른 국가들의 신들을 동일시하여 혼합하고자 하는 경향이 있습니다. 그들은 '신들은 결국 다 똑같은 신'이라고 했습니다. 이러한 신관을 가진 수십만 명의 이방인이 살고 있는 안디옥에 수만 명의 유대인이 회당을 중심으로 살고 있었습니다. 성전 파괴와 바벨론 포로기 이후 유대인들의 삶은 성전 중심에서 회당 중심(말씀 중심)으로 바뀌어 있었습니다.

안디옥
매년 6월 29일 바울과 베드로를 기념하기 위해 각 종교의 대표들이 한자리에 모인다.

　(1) 유대인들에게 회당은 예배 처소이며 교육을 담당하는 학교였습니다. 시민 회관으로 여행하는 유대인에게 여관 역할도 하였습니다. 또 회당은 직업 알선소 역할도 하였습니다. 그래서 유대인들 삶의 중심은 회당이었습니다.
　(2) 안식일마다 회당에 모여서 예배하는 유대인들의 모습은 이방인들에게는 아주 특이한 것이었습니다. 그 이유는 여러 가지인데, 그중 하나는 회당에 신의 형상이 없었다는 것입니다. 제사를 드리지 않았으며 유일신 사상을 가지고 있었고, 도덕적 수준도 높았습니다. 그래서 이방인들의 눈에 띄었습니다.

2) 안디옥의 이방인들과 유대인들의 관계는 어땠을까요?
　첫째, 호기심이 있던 이방인들은 유대인들의 회당 예배에 참여할 수 있었습니다. 세상에서 처음 듣는 하나님 나라 그리고 하나님의 말씀이 큰 충격으로 다가와 마음속에 자리 잡으면서, 그들은 계속해서 회당 예배에 참여하였습니다. 성경은 이들을 할례받지 않은 하나님을 경외하는 자, 하나님을 예배하는 자(God feared)라고 합니다.

둘째, 그 당시 이방인들은 할례를 하지 않았습니다. 유대인들 외에 어느 누구도 할례를 하지 않았기에, 이방인이 할례를 받으면 속한 공동체에서 따돌림을 받았습니다. 그래서 이방인이 할례를 받는 것은 정말 어려운 일이었습니다. 또한 할례를 받더라도 이방인들은 유대인에게 환영받지 못했습니다. 예를 들어, 주후 70년 이후 랍비들의 가르침을 보면 "이방인들은 절대 구원 못 받는다. 심지어 할례받은 이방인도 구원 못 받는다"라고 하며 이방인의 할례를 긍정적으로 보지 않았습니다. 그래서 많은 이방인들이 할례 문제로 어려움을 느끼고 있었고, 실제로 할례를 받는 사람도 많지 않았습니다.

셋째, 박해를 피해 예루살렘을 떠난 유대인 성도들이 유대인들에게 복음을 전했습니다. 특별히 구브로와 구레네 몇 사람이 헬라인에게도 복음을 전했습니다(행 11:19-20).

예루살렘에서 흩어져 안디옥에 온 성령 받은 유대인들은 이곳에서 율법을 증거한 것이 아니라 예수님의 주와 그리스도 되심(행 2:36)을 전하며 이를 믿음으로 구원에 이르고 하나님의 백성이 될 수 있다고 하였습니다. 이 복음은 한순간에 안디옥 전역에 퍼져 나갔습니다.

3) 안디옥 교회가 세워졌습니다.

첫째, 예루살렘 교회는 바나바를 안디옥으로 보냅니다.

⑴ 안디옥에서 주님께 돌아오는 사람들이 늘어나고 있다는 소식을 들은 예루살렘 교회는 바나바를 안디옥으로 보내 교회를 섬기게

했고, 바나바는 안디옥 교회에서 사역할 때 협력자의 필요성을 느끼고 당시 길리기아와 수리아 지방에서 복음을 전하고 있었던 바울을 초청하여 안디옥 교회를 함께 이끌어 갔습니다.

(2) 당시 유대인들은 예수님을 따르는 자들을 '나사렛 당'이라고 불렀습니다. 그러나 예루살렘의 성도들은 자신들을 제자(Disciples), 신자(Believers), 성자(Saints), 형제(Brethren), 봉사자(Servants) 등으로 부르고 있었습니다.

둘째, 바나바와 바울을 중심으로 안디옥 교회가 부흥하였습니다.

(1) 성도들은 십자가에서 죽으시고 부활하신 예수가 하나님의 아들이심과 그리스도이심을 믿어 하나님 나라의 백성이 되었습니다. 그러고 나서 하나님 나라의 백성은 하나님의 나라를 선포하셨던 예수님의 말씀과 행적을 따라야 한다고 생각하여, 성도들은 예수님의 삶을 따라 살아 갔습니다.

(2) 안디옥의 시민들은 이들을 지켜보면서 '그리스도에 속한 자' 또는 '그리스도를 따르는 자'(Christos + Ianos/Ianus)란 뜻으로 '그리스도인'이라 불렀습니다. 다시 말하면, 성도들을 부르는 이름은 여러 가지였는데 나중에 가서야 그리스도인으로 합쳐서 부르게 되었습니다[19]; "만나매 안디옥에 데리고 와서 둘이 교회에 일 년간 모여 있어 큰 무리를 가르쳤고 제자들이 안디옥에서 비로소 그리스도인이라 일컬음을 받게 되었더라"(행 11:26).

---

[19] 권오현 (1997), 바울의 생애(1), 288-289.

7. 안디옥에서의 협력 사역

1) 바울은 회심 후 예수님의 제자들과 어떤 모습으로라도 함께 사역하고 싶었습니다.

회심 후 아라비아를 거쳐 예루살렘을 방문했을 때(A.D. 35-36), 예수님의 제자들은 과거 스데반을 죽이는 데 큰 역할을 하고 예수님을 믿는 사람들을 잡으려고 다메섹까지 갔던 바울이 이제 자기들을 잡으려고 한다고 생각하여 바울을 만나 주지 않았습니다. 바나바(행 4:36, 레위인이고 이름은 '요셉'임, 행 9:27)의 도움으로 예수님의 제자들 중에 베드로와 예수님의 동생 야고보를 만날 수 있었지만(갈 1:18-19) 좋은 성과는 없었습니다.

2) 그런데 바나바가 협력 사역을 위해 바울에게 손을 내밀었습니다.

첫째, 선교의 효과를 극대화하기 위해서 땅 위에 있는 모든 교회는 머리 되신 그리스도의 몸으로서 서로 다른 지체임과 동시에 하나라는 사실을 인식하고 협력하는 선교를 추구하여야 합니다. 이것이 올바른 선교의 모습입니다.

둘째, 성공적인 협력 선교를 위해서는 다른 사람들을 나보다 낮게 여기는 마음과 양보하고 나눠주고자 하는 마음 그리고 희생하는 정신을 가져야 합니다. 바로 바나바를 예로 들수 있습니다. 안디옥에서 성도가 늘어난다는 소식을 듣고 예루살렘 교회는 바나바를 안디옥으로 파송하였습니다. 바나바는 안디옥에서 열심히 사역을 하면서 협력자의 필요성을 절실히 느끼던 때에 '수리아와 길리기아 지방에서 전에 예수 믿는 자들을 핍박하던 바울이 회심하여 예수의 복음을 전한다'(갈 1:21-24)라는 소식을 듣고 바울을 불러 함께 협력 사역을 하였습니다.

3) 예루살렘에서 헤롯 아그립바 1세의 박해가 발생했습니다.

첫째, 바나바와 바울이 안디옥 교회에서 협력 사역을 할 때, 예루살렘에서는 헤롯대왕의 손자인 헤롯 아그립바 1세의 박해(A.D. 44)로 인해 요한의 형제 야고보가 순교하고(행 12:2), 베드로도 옥에 갇히는 어려움이 있었습니다(행 12:5).

둘째, 예루살렘 일대에 기근이 일어나자, 안디옥 교회 성도들은 성금을 모아(행 11:30) 바나바와 바울로 하여금 예루살렘 교회의 성도들에게 전달하게 했습니다.

셋째, 바나바와 바울은 예루살렘에서 안디옥으로 돌아올 때 마가라 하는 요한을 데리고 옵니다. 요한은 히브리식, 마가는 로마식 이름으로 바나바의 사촌이고, 어머니의 이름은 마리아입니다(행 12:12).

8. 안디옥 교회의 정신

"안디옥 교회에 선지자들과 교사들이 있으니…주를 섬겨 금식할 때에 성령이 이르시되 내가 불러 시키는 일을 위하여 바나바와 사울을 따로 세우라 하시니 이에 금식하며 기도하고 두 사람에게 안수하여 보내니라"(행 13:1-3).

1) 안디옥 성도들의 예배 모임은 어떻게 진행되었을까요?

첫째, 수십만 명이 살고 있는 안디옥에 성도가 몇 명이었는지 정확하게 알 수는 없습니다.

둘째, 성도들은 여러 곳을 옮겨 다니며 모임을 했을 것입니다. 오늘날과 같은 교회 건물은 없었습니다. 어쩌면 적절한 장소를 만드는 것이 그들에게 제일 중요한 일이었을 것입니다.

셋째, 안디옥 교회 성도들이 하나님 나라의 확장을 위해 제일 먼저 성령의 인도하심을 구하며 금식할 때 바나바와 바울을 따로 세우라는 말씀을 듣고 이들을 선교사로 파송하였습니다. 안디옥 교회는 기꺼이 이들을 파송하고 재정과 기도로 함께했습니다. 이것이 바로 '안디옥 교회의 정신'입니다(행 13:2-3).

2) 안디옥 교회가 제일 먼저 추구한 것은 성령의 인도하심이었습니다.

첫째, 하나님 앞에서 제일 먼저 해야 할 일은 성령의 인도하심을 받아 순종하는 일이며, 이 일이 곧 선교입니다.

둘째, 안디옥 교회의 성도들이 모임을 위한 건물을 준비하였어도 어느 누구도 비판을 하지 않았을 것입니다. 그러나 이들은 성령에 순종하여 선교사를 파송하고 이들을 통해 다른 지역에 복음을 전하였습니다. 복음 전파는 하나님의 뜻입니다(딤전 2:4). 안디옥 교회는 복음을 전파하려고 최선을 다했습니다. 바로 이런 교회가 건강한 교회일 것입니다.

3) "만약 모든 것이 선교라면 아무것도 선교가 아니다"[20]라는 말이 있습니다.

하나님, 예수님 그리고 교회와 연관되는 대부분의 일을 선교와 연결해서 이름 부르기를 좋아하다 보니 선교의 정의가 너무 넓어져서 애매해지고 말았습니다. 그래서 우리는 선교를 선교(Mission)와 선교들(Missions)로 구별하고 있습니다.[21]

---

20) Neill, Stephen (1959), *Creative Tension*, 81.
21) Bosch, David (1991), *Transforming Mission: Paradigm Shifts in Theology of Mission*, 36.

첫째, 선교(Mission)는 하나님께서 주도하시는 선교로서 그 책임을 교회에 위임하였고, 교회는 '복음을 전하는 일'에 사명으로 임하는 것입니다.

둘째, 선교들(Missions)은 교회가 하나님이 위임하신 선교(Mission)를 수행하는 과정에서 동원되는 '교회의 선교적인 행위들'을 말합니다.

셋째, 하나님의 말씀을 전하는 선교(Mission)와 선교를 위해서 수행되고 동원되는 선교들(Missions)이 서로 유기적으로 연합할 때 바람직하고 건강한 선교가 될 것입니다. 안디옥 교회는 바로 이 두 가지가 조화를 잘 이루었습니다. 그래서 안디옥 교회의 정신은 선교(Mission)와 선교들(Missions)의 조화로운 연합입니다.

제3장
바울의 1차 선교 여행

"두 사람이 성령의 보내심을 받아 실루기아에 내려가 거기서 배 타고 구브로에 가서 살라미에 이르러 하나님의 말씀을 유대인의 여러 회당에서 전할새 요한을 수행원으로 두었더라 온 섬 가운데로 지나서 바보에 이르러…"(행 13:5-12).

파송 받은 "두 사도 바나바와 바울"(행 14:14)은 안디옥을 떠나 실루기아로 내려가 구브로로 가는 배를 타고 구브로의 동쪽 항구 도시인 살라미(Salamis)에 도착합니다. 구브로는 바나바의 고향이었습니다(행 4:36). 바나바와 바울은 살라미에 있는 유대인 회당에서 하나님의 말씀을 전하였는데, 바나바의 사촌인 마가라 하는 요한을 수종자로 두었습니다(행 13:5). 이후에 바울, 바나바 그리고 마가라 하는 요한은 라르나카(Larnaca)를 지나 서쪽으로 약 70km 떨어진 구브로의 수도 바보(Paphos)로 이동합니다.

1. 구브로에서의 바울

1) 바울은 바나바 그리고 마가라 하는 요한과 함께 바보에 도착해서 무엇을 했을까요?

첫째, 바울 일행은 바보에 도착해 회당에서 하나님의 말씀을 전하였습니다. 그때 특별히 바예수라 하는 유대인 거짓 선지자 겸 마술사 그리고 총독의 고문 역할을 하는 사람을 만났습니다(행 13:5-6). 그 당시 총독 서기오 바울(Lucius Sergius Paulus)은 바울 일행에게 호의적이었고 하나님의 말씀을 듣고자 했으나 마술사가 방해했습니다. 이에 바울이 마술사를 꾸짖자 마술사가 맹인이 되었습니다.

살라미 항구의 교회, 구브로
바나바와 바울은 안디옥의 항구 도시였던 실루기아에서 배를 타고 구브로 섬의 동쪽 항구인 살라미에 도착하였다. 후대에 이들의 살라미 도착을 기념하는 기념 교회를 항구 근처에 세웠다.

총독 서기오 바울의 비문
서기오 바울은 글라우디오 황제 치하 때, 구브로의 총독으로 3년을 일하고 주후 47년에 로마 시내로 흐르는 테베레 강의 책임자로 있다가 원로원의 의원이 된다. 서기오 바울을 언급하는 비문들이 로마 또는 소아시아에서 많이 발견되었다.

이후 바울 일행은 서기오 바울 총독의 도움으로 어려움 없이 제자를 양육하고 복음을 전했습니다(행 13:4-12).

둘째, '서기오 바울'이라 명명된 라틴어 비문이 튀르키예 서부 비시디아 지역의 안디옥에서 발견되었습니다.

'서기오 바울' 비문은 바울의 설교에 영향을 받은 구브로의 총독 서기오 바울일 가능성이 큽니다. 그 이후로 발견된 다른 비문들은 왜 서기오 바울이 그토록 높은 직책을 맡았는지 보여 줍니다. 한 비문에는 글라우디오 통치 기간에 로마의 테베레 강을 감독한 관리로 '서기오 바울'이 언급되어 있습니다. 1912년 윌리엄 램지(William Ramsay)는 비시디아 지방의 안디옥에서 그의 아들과 딸을 언급하는 또 다른 비문을 발견했습니다.[22]

2) 바울 일행은 바보에서의 모든 일정을 마치고 무엇을 했을까요?
첫째, 바울은 다음 행선지를 생각했을 것입니다.
둘째, 이때 하나님께서 서기오 바울 총독의 마음을 움직이셔서 총독은 가족, 관료 친구들이 살고 있던 비시디아 지방의 안디옥을

---

22) Wilson, Mark (2010), *Biblical Turkey*, 116.

추천합니다. 바울 일행은 총독의 추천으로 비시디아 지방의 안디옥을 향해 출발하게 됩니다.

3) 우리는 여기에서 어떤 것이 바람직한 선교인지를 알게 됩니다.

첫째, 하나님의 일꾼은 일할 곳을 자기가 선택하는 것이 아닙니다. 하나님의 일꾼은 자신을 필요로 하는 곳으로 가서 그곳에서 일해야 합니다. 이것이 바람직한 선교입니다.

둘째, 하나님께서는 일꾼들을 파송할 때 종종 특별한 계시를 사용하시지만, 일반적으로는 신실한 전문 일꾼들(교단, 단체)에게 위임을 하십니다. 그러면 신실한 전문 일꾼들은 여러 가지 객관적인 자료를 통해서 새로운 일꾼들을 파송합니다. 예를 들어, 바나바는 바울이 수리아 지방의 안디옥에 적격자라고 생각해서 바울을 불러왔습니다. 바울은 브리스길라와 아굴라 부부가 에베소에 필요하다고 생각하여 그들이 에베소에 정착하도록 했습니다. 또한 디도를 그레데에 정착시켰습니다. 이처럼 비시디아 지방 안디옥에도 바울 일행이 필요했기에 하나님께서는 서기오 총독을 통해서 비시디아 지방 안디옥으로 부르셨습니다.

셋째, 하나님의 일꾼은 하나님이 부르시는 곳에서 사역해야 합니다. 이것이 바람직한 선교입니다. 그런데 어떤 이들은 하나님의 의를 나타내기 위한 결정이 아니라 영어를 배우기 위해서, 국제적인 도시에서 살고 싶어서, 교단의 이익을 위해서 사역 장소들을 결정합니다.

바울 일행은 서기오 총독의 요청을 하나님의 인도하심으로 받아들이고 바보에서 배를 타고 밤빌리아에 있는 버가에 도착하였습니다. 버가에 도착한 이들은 북쪽에 서있는 거대한 타우루스 산맥

밤빌리아 버가 성과 뒤쪽의 산맥
바울과 바나바 그리고 마가라 하는 요한이 버가 성에 도착하였다. 그런데 마가라 하는 요한은 버가 성 뒤에 있는 높은 산맥을 보면서 선교팀에서 이탈하였다.

을 넘어 비시디아 지방 안디옥으로 갈 준비를 하고 있었습니다. 그런데 마가라 하는 요한이 일행과 헤어져 예루살렘으로 돌아가게 되었습니다(행 13:13).

4) '마가'라 불리는 요한은 왜 버가에서 일행과 헤어졌을까요?

첫째, 요한이 선교 여행에서 이탈한 이유를 몇 가지로 들 수 있습니다.[23]

(1) 요한은 홀어머니에게서 사랑만 받고 자라서 향수병에 걸렸을 것입니다.

(2) 요한은 도시의 부유한 가정에서 편히 자라났습니다. 그래서 험한 산을 넘고 깊은 강을 지나는, 때로는 며칠씩 굶어야 하는 전도

---

23) 이복순 (2001), *사도 바울의 생애와 사역*, 99-100.

여행에 익숙하지 않았을 것입니다.

(3) 요한은 유대인의 핍박과 이방인의 학대를 이길 만한 경험과 인내심이 부족하였습니다.

(4) 사도행전 13장 13절을 보면 '바울과 그 일행'으로 표현되어 있습니다. 즉, 팀의 리더십이 사촌 형인 바나바에서 바울로 옮겨졌다는 뜻입니다. 이에 요한의 마음이 상했을 것입니다.

(5) 요한은 할례당이었습니다(골 4:10-11). 따라서 요한과 바울은 율법과 할례를 바라보는 관점이 달랐는데, 이로 인해 마찰이 생겼을 것입니다.

정확한 이유는 알 수 없지만 요한은 소명과 은사에 대한 정확한 정체성이 없었다고 볼 수 있습니다. 이에 맞는 예수님의 말씀이 있습니다; "너희가 나를 택한 것이 아니요 내가 너희를 택하여 세웠나니 이는 너희로 가서 열매를 맺게 하고 또 너희 열매가 항상 있게 하여 내 이름으로 아버지께 무엇을 구하든지 다 받게 하려 함이라"(요 15:16).

둘째, 하나님은 소명, 사명 그리고 은사를 주십니다.

(1) 하나님으로부터 소명을 받은 사람들은 사명을 이루기 위해 하나님으로부터 은사를 받고, 은사를 받아 사역하는 사람들은 반드시 열매를 맺게 됩니다. 바울도 예수님의 이름을 전하기 위해 이방인의 사도, 즉 선교사로 소명(갈 1:16)을 받고 선교사에게 필요한 은사를 받아 잘 활용하면서 많은 열매를 맺었습니다. 나중에는 상황과 형편에 따라 목회자로서 필요한 은사, 가르치는 선생으로서 필요한 은사까지 받았습니다.

(2) 그러나 요한은 소명과 은사에 대한 정확한 정체성이 없었기에 자원하는 마음으로 사역에 참여하였고, 소명이 없으니 소명을 이룰 수 있는 은사도 없었고 꼭 이루겠다는 열정도 없었습니다.

하나님으로부터 주어진 소명과 사명은 분명하고 명확하게 우리의 가슴에 새겨져야 하고, 이것을 이루기 위한 은사와 열정이 합해져서 많은 열매를 맺게 됩니다. 그러나 요한은 자기의 정체성이 불분명하였기에 바울의 선교 여행에서 이탈하고 말았습니다. 우리는 하나님으로부터 소명을 받고 우리의 정체성에 맞는 필요한 은사를 받아 활용하면서 선교해야 합니다. 이것이 건강한 선교의 시작이라 하겠습니다.

어쨌든 요한은 밤빌리아 지방의 버가에서 바울 일행과 헤어져 예루살렘으로 돌아갔고, 바울과 바나바는 비시디아 지방의 안디옥을 향해 나아갔습니다.

2. 비시디아 안디옥에서의 바울

바울과 바나바는 북쪽의 타우루스 산맥과 높은 고원의 호수를 거쳐 비시디아 지방의 안디옥에 도착하였습니다. 마치 강원도의 깊은 골짜기에 온 것 같은 느낌으로 수만 명이 사는 도시에 도착하였습니다. 뜻밖에 큰 도시를 보고 놀란 바울과 바나바는 주위를 둘러보았습니다. 안디옥은 전략적으로 세워진 로마의 군사 도시였습니다. 도시 중앙에는 아우구스투스 황제 신전이 세워져 있었습니다.

1) 회당을 방문하였습니다.

바울과 바나바는 안식일을 맞이하여 도시의 서쪽 끝에 세워진 회당을 방문하였습니다(행 13:14).

첫째, 일반적으로 회당은 유대인 남자 성인 10명 이상이 있어야 세워집니다.

둘째, 회당은 ① 집회 장소(행 13:43), ② 재판 장소(눅 12:11; 행 9:2),

비시디아 안디옥의 바울 기념 교회
루기아인들의 한 부류인 피시딕(Picidic) 언어를 쓰는 사람들이 주전 1500년 이후 이곳에 이주해 왔고, 이곳을 피시딕 언어를 쓰는 사람들의 땅이란 뜻으로 '비시디아'라 불렀다.

③ 형벌 장소(마 10:17; 행 22:19), ④ 예배 장소의 기능을 합니다.

셋째, 회당에서의 예배는, 먼저 성경을 히브리어로 낭독하고 일반인들을 위해 그것이 당시 통용되던 아람어나 헬라어로 통역되었습니다. 그리고 ① 쉐마(신 6:4-9) 합창 ② 공중 기도 ③ 율법과 선지서 낭독 ④ 설교 ⑤ 축복의 선포 순으로 진행되었습니다.

2) 바울은 회당에서 설교를 했습니다.

첫째, 바울은 회당에서 구약 이스라엘 역사에 나타난 하나님의 섭리와 구원의 은혜가 바로 그리스도의 복음으로 이어졌음을 설명합니다(행 13:17-47). 바울은 다메섹으로 가는 길에 예수님을 만난 후, 다메섹의 아나니아와 성도들로부터 제자 양육을 받고 예수 그리스도에 대한 하나님의 말씀을 전하기 시작했습니다.

둘째, 바울이 태어난 다소는 국제적 학문의 도시로 스토아 학파의 중심지였기에 바울은 어릴 때부터 헬라적 환경 속에서 자라났습니다. 그래서 바울의 설교 속에도 헬라적인 사고, 즉 예수 안에서 화가 복이 되고, 슬픔이 기쁨이 되며, 죽음이 영생이 된다는 헬라적 사고를 느낄 수 있습니다.

셋째, 바울과 바나바가 회당에서 말씀을 전하고 회당을 나가려고 할 때 다음 안식일에도 말씀을 전할 것을 부탁받았는데, 실제로 다음 안식일에는 많은 사람들이 회당을 가득 채웠습니다(행 13:44). 그러나 유대인들과 이방인들로 꽉찬 회당에서 바울과 바나바는 유대인들이 하나님의 말씀을 받아들이지 않아 이방인에게로 방향을 돌렸다고 우회적으로 유대인들을 비난하였습니다; "…하나님의 말씀을 마땅히 먼저 너희에게 전할 것이로되 너희가 그것을 버리고 영생을 얻기에 합당하지 않은 자로 자처하기로 우리가 이방인에게로 향하노라…"(행 13:46-47).

유대인들은 주의 말씀이 퍼지는 것을 보고 시기가 가득하여 경건한 귀부인들과 그 성내 유력자들을 선동하여 바울과 바나바를 핍박하게 하였고, 결국 두 사람은 그 지역에서 쫓겨났습니다. 이때 바울은 발의 티끌을 떨어 버립니다(행 13:51-52).

● **회당에서 축출된 기독교인**

바울은 어느 지역을 가든지 동족인 유대인들을 구원하려고 먼저 회당을 방문하고 말씀을 나누었습니다. 그러나 기독교인에 대한 유대인들의 박해는 계속되었고, 주후 62년에는 예수님의 형제 야고보를 성전 위에서 밑으로 밀어서 죽입니다. 그 뒤 예수님의 동생 시몬이 예루살렘 교회를 이끌어 가는데, 주후 70년 예루살렘이 로마 군인들에게 포위되었을 때 기독교인들은 요단강 건너 펠라(Pella)로 피신하였습니다. 예루살렘에 남아 있던 유대인들은 이들의 행동에 큰 충격을 받고, 이들을 유대의 한 종파로 인정하지 않고 이단으로 정죄하였습니다. 이후 주후 90년 얌니아 회의에서 헬라어 성경을 배격하고 히브리어 성경을 확정함과 동시에 예수 믿는 자들을 회당에서 축출하였습니다.24)

3. 이고니온에서의 바울

바울과 바나바는 비시디아 안디옥에서 동쪽으로 약 180km 떨어져 있는 이고니온으로 이동하였습니다. 이고니온에는 로마인, 그리스인, 유대인, 브루기아인 그리고 루가오니아인 등이 함께 살고 있었습니다.25)

1) 바울은 비시디아 안디옥에서와 마찬가지로 이고니온의 회당에서 복음을 전했습니다.

첫째, 바울은 회당에 들어가 십자가에서 죽으시고 부활하신 예수가 하나님께서 다윗에게 약속하신 아들, 즉 구주이심을 전하였고(행 13:23) 유대와 헬라의 허다한 무리가 이를 믿었습니다(행 14:1).

둘째, 순종하지 아니하는 유대인들이 이방인들의 마음을 선동하여 바울과 바나바를 모욕하고 돌로 치려고 하여, 이들은 루스드라로 급하게 이동했습니다(행 14:2, 5).

2) 바울은 이고니온에서 테클라를 알게 됩니다(바울과 테클라 행전26)).
테클라는 이고니온의 한 귀족 출신의 처녀로서 약혼자가 있었는

---

24) 이영철 (2013), *사도 바울*, 254. 권오현 (1997), *바울의 생애(2)*, 382.
25) 권오현 (1997), *바울의 생애(1)*, 400.
26) 주후 250년경 아시아 지방의 장로가 다메섹에서부터 로마에 이르기까지 바울의 활동 지역을 다니면서 바울에 대한 전설과 전승을 모아서 책으로 펴냈습니다.

테클라가 머물던 동굴, 셀레오키아(오늘날의 실리프케)

테클라는 '바울과 테클라 행전'에 나오는 인물로, 바울과 바나바가 이고니온을 방문하였을 때 하나님께 삶을 바치기로 서약하였다. 그런데 박해로 인하여 이고니온을 떠나 셀레오키아에 있는 한 동굴에서 살게 된다.

테클라 기념 교회, 셀레오키아 (오늘날의 실리프케)

낮에는 가난한 자들과 병든 자들을 간호하고, 밤에는 기도하며 생활한다는 테클라의 소문을 듣고 젊은 여자들이 셀레오키아의 동굴로 모여들면서 최초의 여자 수도원이 세워졌고, 후에 이를 기념하는 교회가 동굴 위에 세워졌다.

데, 복음을 듣고 독신으로 살면서 하나님께 헌신하기로 결단을 내립니다. 그러나 약혼자와의 파혼과 부모님의 반대로 마을에서 문제가 됩니다. 바울 일행은 이고니온에서 쫓겨나고, 테클라는 여러 어려움을 겪다가 결국 셀레오키아로 내려왔습니다. 그 후로 테클라는 셀레오키아의 한 동굴에 머물면서 낮에는 가난한 자들과 병든 자들을 간호하고, 밤에는 기도하는 생활을 하였습니다. 이 소문을 들은 젊은 여자들이 모여들면서 일명 최초의 여자 수도원이 세워졌습니다. 테클라는 이후에 발생한 박해로 인해 마아로울라 마을로 옮겨가 생을 마쳤습니다.[27]

4. 루스드라에서의 바울

루가오니아 지방 루스드라에 도착한 바울과 바나바는 이전에 행했던 대로 하나님의 말씀, 즉 십자가에서 죽으시고 부활하신 예수의 하나님의 아들이심과 그리스도이심을 전합니다(행 9:20-22).

1) 앉은뱅이가 걷게 되었습니다.

첫째, 태어나면서부터 걸어 본 적이 없던 앉은뱅이가 하나님의 말씀을 듣고 바울의 말에 따라 일어나 걸었습니다; "바울이 말하는 것을 듣거늘 바울이 주목하여 구원받을 만한 믿음이 그에게 있는 것을 보고 큰 소리로 이르되 네 발로 바로 일어서라 하니 그 사람이 일어나 걷는지라"(행 14:9-10).

둘째, 이 소식을 접한 루스드라 사람들은 쓰스와 허메가 사람의 형상으로 내려왔다고 하고, 신당의 제사장은 소와 화관을 가지고 무

---

27) 박용우 (2004), *바울*, 78. Çimok, Fatih (1999), *Saint Paul in Anatolia*, 106-108.

리와 함께 제사하려는 통에 소동이 일어났습니다(행 14:8-18).

셋째, 그러나 바울과 바나바는 이들을 자제시키고 복음을 전했습니다. 이때 디모데 가족을 만났을 것입니다.

2) 소문이 퍼졌습니다.

첫째, 루스드라의 많은 사람들이 바울 일행을 따른다는 소문이 이고니온까지 전해졌습니다.

둘째, 이고니온에서 바울 일행을 돌로 쳐 죽이려고 했던 유대인들(행 14:5)과 바울의 선교 활동을 시기하며 비방했던 비시디아 안디옥에서 온 유대인들이 루스드라에서의 바울의 활동 소식을 듣고 심히 격분하여 루스드라로 달려왔습니다.

(1) 비시디아 안디옥과 이고니온에서 온 유대인들은 루스드라 마을 사람들을 선동하였습니다(행 14:19). 바울 일행이 마치 마술과 같은 속임수로 옛날부터 내려오는 루스드라 마을 사람들의 종교를 파괴하려 한다고 하였습니다.

(2) 이 상황은 바울이 3차 선교 여행 시 에베소에서 사역할 때 겪었던 사건과 똑같은 내용입니다. 은장색 데메드리오가 에베소 시민들을 선동할 때, 바울이 에베소의 여신 아데미를 무시하고 그 종교를 폐하려 한다고 소리쳤습니다(행 19:26-27).

셋째, 조금 전까지 앉은뱅이의 기적을 보면서 바울 일행을 환대하던 루스드라 사람들은 유대인들의 선동에 넘어가 돌로 바울을 쳐서 죽이려고 하였습니다. 다행히 바울은 죽지 않고 다음 날 바나바와 함께 더베로 향했습니다.

5. 더베에서의 바울

루가오니아 지방의 더베는 바울과 바나바가 1차 선교 여행 중 핍박을 받지 않은 유일한 마을이라고 할 수 있습니다. 바울 일행은 이곳에서도 복음, 즉 십자가에서 죽으시고 부활하신 예수의 하나님의 아들이심과 그리스도이심을 전했습니다. 얼마 전에 루스드라까지 따라온 이고니온의 유대인들, 심지어 비시디아 안디옥에서 바울 일행을 제거하기 위해 루스드라까지 온 유대인들은 루스드라에서는 바울을 돌로 쳐 죽이려고 했는데, 이들 모두 더베까지 오지는 않았습니다. 아마도 루스드라에서 바울이 죽었다고 생각하여 자기 마을로 돌아간 듯합니다. 그래서 바울은 더베에서 어떠한 핍박도 받지 않고 제자를 양육하고 복음을 전할 수 있었습니다; "복음을 그 성에서 전하여 많은 사람을 제자로 삼고…"(행 14:21).

성경을 보면, 이들은 1차 선교 여행을 더베에서 마치고 다시 수리아 안디옥으로 돌아갑니다. 더베에서 남동쪽을 바라보면 다소를 거쳐 수리아 안디옥까지 약 260km입니다. 그러나 이들은 짧고 편안한 길을 선택하지 않고 조금 전까지 어려움을 겪었던 지역을 지나 수리아 안디옥으로 돌아갑니다.

1) 바울과 바나바는 왜 길고 어려운 길을 통해서 수리아 안디옥에 돌아가고자 했을까요?

첫째, 초신자들의 마음을 굳게 하고, 믿음에 거할 것을 권하고, 하나님 나라에 들어가기 위해서는 많은 환난을 겪어야 함을 알려 주고(행 14:22), 각 교회마다 지도자를 세우고자 했습니다(행 14:23).

(1) 바울은 회심 후 다메섹 교회의 아나니아와 성도들로부터 짧은 시간에 제자훈련을 받고 곧바로 제자를 양육할 수 있었습니다(행

9:25).

(2) 바울은 다메섹에서 짧은 시간에 제자훈련을 받고 가르쳤던 것처럼, 수리아 안디옥으로 돌아가는 길에 방금 전 방문했던 곳에서 지도자(제자)를 세웠습니다; "각 교회에서 장로들을 택하여…"(행 14:23).

그렇다면 바울이 바나바와 함께 안디옥에서 사역하기 이전에 다메섹, 아라비아, 길리기아 그리고 수리아 지방에서의 사역은 제자를 양육하며 복음을 전하는 사역이었음을 알 수 있습니다.

둘째, 바울이 2차 선교 여행을 시작한 것도 주의 말씀을 전한 각 성을 다시 방문해서 형제들이 어떻게 지내는지 궁금하여 방문하고자 했기 때문입니다(행 15:36).

(1) 고린도에 있던 바울이 3주 동안 머물렀던 데살로니가에서는 유대인들의 핍박 가운데서도 성도들이 그 신앙을 잘 유지하고 있다는 소식을 들었습니다. 바울은 데살로니가 성도들의 인내와 사랑을 칭찬하고 위로하고 격려하며 주님의 강림을 바라보고 흔들리지 말 것을 권면하는 서신을 보냈습니다.

(2) 고린도 교회에 문제가 생겼을 때도 바울은 성도들을 끝까지 책임지려는 모습을 보였습니다(고후 12:14-21).

2) 건강한 선교는 어떤 것일까요?

첫째, 복음을 한 번 전한 것으로 만족하는 것이 아니라 복음을 들은 사람이 믿음 안에서 확실히 정착할 때까지 계속해서 케어하는, 곧 관심을 두고 돌보며 관리하는 것입니다.

둘째, 그런데 사역자들은 이 과정에서 종종 실수를 합니다.

(1) 복음을 들은 자들의 믿음이 굳건해질 때까지 계속해서 케어하지 못합니다.

(2) 돌봄을 받는 사람의 영적인 상황에 맞춘 케어가 필요합니다. 그런데 케어를 받는 사람의 영적인 상황에 맞추지 않고 반대로 케어하는 사람의 상황에 따르는 경우가 많습니다. 실제로 케어하는 사람이 바빠서 며칠 늦게 연락했는데 케어 받는 사람이 심한 정신적인 불안감으로 인해 극단의 행동을 취한 일도 있습니다.

결과적으로 바울과 바나바는 더베를 떠나 다시 루스드라, 이고니온 그리고 비시디아 안디옥으로 돌아가 밤빌리아에 이르렀습니다(행 14:24).

비문들
왼쪽부터 차례대로, 루스드라에서 발견된 비문, 이고니온에서 발견된 비문, 더베에서 발견된 비문

6. 밤빌리아 지방에서의 바울

1) 바울과 바나바는 밤빌리아 지방 버가에서 무엇을 했나요?

첫째, 이전에 바울 일행이 구브로의 바보 항구에서 출발하여 버가에 갔을 때는 이렇다 할 사역 이야기가 없었습니다. 마가라 하는 요한 문제 때문인지 아니면 비시디아 안디옥에 빨리 가서 복음을 전하려고 했기 때문인지는 모릅니다.

둘째, 1차 선교 여행을 마치고 안디옥으로 돌아오는 길에 버가에 도착해서는 도를 전했다고 말씀합니다(행 14:25). 즉, 예수가 하나님의 아들이심과 그리스도이심을 전했습니다.

2) 바울과 바나바는 버가의 사역을 마치고 무엇을 했나요?

첫째, 바울과 바나바는 앗달리아로 내려가 항구에서 배를 타고 1차 선교 여행의 출발지였던 수리아 안디옥으로 귀환합니다(행 14:26).

앗달리아 항구
바울과 바나바는 이곳에서 배를 타고 안디옥으로 귀환한다.

둘째, 바울과 바나바는 수리아 안디옥에 돌아온 후, 안디옥 교회의 성도들에게 수년 동안의 사역이 어떻게 진행이 되었는지, 하나님께서 그 뜻을 어떻게 이루셨는지 등을 나누며 하나님께 영광을 돌리는 시간을 가졌을 것입니다.

셋째, 바울과 바나바 그리고 이들을 보낸 교회는 건강하고 유기적인 관계였습니다. 우리가 어느 곳에 있든지, 어떤 공동체에 속해 있든지 유기적 관계를 유지해 나갈 때 우리가 속해 있는 공동체는 바람직하며 건강한 공동체로 나아갈 것입니다.

7. 안디옥의 문제

1) 안디옥 교회 안에 큰 소동이 일어났습니다.

바울과 바나바가 1차 선교 여행을 마치고 안디옥에 돌아왔을 때 안디옥 교회 안에 큰 소동이 벌어지고 있었습니다.

첫째, 안디옥 교회에서 소동을 일으킨 사람들은 예루살렘 교회로부터 정식으로 임명받아 온 사람들이 아니었습니다. 그들은 개별적으로 마음이 맞는 사람들끼리 자기들의 생각을 알리고자 예루살렘 교회에서 온 일명 유대주의자였습니다.

둘째, 이들은 '모세의 법대로 할례를 받지 아니하면 능히 구원을 얻지 못한다'(행 15:1)라고 하였습니다. 그리스도인이 되려면 유대인이 되어야 한다, 다시 말해서 유대교의 율법과 할례를 지켜야 그리스도인이 될 수 있다고 주장했습니다. 그들의 주장을 정리하면 다음과 같습니다.

(1) 예수님도 유대교의 율법에 따라 할례를 받으셨습니다.
(2) 예수님이 "…율법의 일점일획도 결코 없어지지 아니하고 다 이루리라"(마 5:18)라고 말씀하며 율법의 중요성을 강조하셨습니다.

(3) 예수님이 나병 환자에게 "아무에게 아무 말도 하지 말고 가서 네 몸을 제사장에게 보이고 네가 깨끗하게 되었으니 모세가 명한 것을 드려 그들에게 입증하라"(막 1:44)라면서 모세오경의 율법을 지키라고 하셨습니다.

위의 사건들을 언급하면서, 유대주의자들은 예수님이 율법에 이렇게 철저하셨다면 예수님의 제자들도 율법의 요구에 복종해야 한다고 주장했습니다. 즉, 할례를 받고 율법을 지키라는 것입니다. 그런데 그들의 주장은 바울과 바나바가 조금 전까지 죽음을 무릅쓰고 여러 지역을 다니면서 전했던 복음과는 전혀 달랐습니다.[28]

셋째, 바울은 예수님의 정체성 자체가 더 중요하다고 주장합니다; "그런즉 누구든지 그리스도 안에 있으면 새로운 피조물이라 이전 것은 지나갔으니 보라 새것이 되었도다"(고후 5:17). 이 말씀을 보면 바울의 생각을 알 수 있습니다.

(1) 바울이 보는 메시아는 율법에 대한 대안이었습니다. 예수 그리스도의 십자가 은혜는 유대교의 율법과 할례의 요구나 의식을 초월하는 만민의 복음임을 주장하였습니다. 예수님도 '율법을 완전하게 하려고 왔다'(마 5:17)라고 하셨습니다. 즉, 예수님이 율법의 완성인 것입니다.

(2) 그러나 논쟁은 끝나지 않았습니다. 이때 하나님께서는 문제 해결을 위해 바울로 하여금 예루살렘으로 올라가라는 계시를 내리셨습니다; "계시를 따라 올라가 내가 이방 가운데서 전파하는 복음을 그들에게 제시하되…"(갈 2:2). 다시 말해, 바울이 예루살렘에 올라간 것은 베드로를 비롯한 예루살렘 지도자들의 초청이 있어서가 아니었습니다. 자신이 예루살렘에 올라가서 이 문제를 해결해야겠다고

---

28) Murphy-O'Connor, Jerome (2006), *바울 이야기*, 136-137.

판단한 것도 아니었습니다. 바로 성령의 감동으로 하나님의 인도하심을 따른 행동이었습니다.

2) 바울은 예루살렘을 향해 갔습니다.

바울은 안디옥 교회 안의 소동을 해결하기 위해 예루살렘에 있는 사도와 장로들에게 질의하러 올라갑니다. 그는 바나바, 디도와 함께 안디옥을 떠나 베니게와 사마리아로 다니며 이방인들이 주께 돌아온 일을 말하여 형제들을 기쁘게 하고 예루살렘으로 올라갑니다(행 15:3). 그렇다면 이때 예루살렘으로 향하는 바울의 마음은 어떠했을까요?[29]

첫째, 바울도 사람이기에 조금이나마 흔들림이 있었을 것입니다. 지난번 예루살렘 방문 때도 예수님의 제자들을 만나고자 했지만 겨우 베드로와 예수님의 동생 야고보만 만날 수 있었던 좋지 않은 기억도 있습니다. 이번 역시 자신의 생각이 옳다고 생각하지만, 만약 예루살렘 성도들이 자신의 손을 들어 주지 않는다면 어떻게 해야 할지 걱정도 했을 것입니다.

(1) 이방인 성도들에게 할례를 받아들이라고 요구해야 하나?

(2) 아니면 예루살렘 교회와 결별하고 이방인 성도들에게 할례 받지 말라고 할까?

(3) 바울의 믿음이 거짓으로 여겨지면 어떡하지?

바울은 이러한 혼란한 마음을 가지고 예루살렘으로 갔을지도 모릅니다.

둘째, 그러나 바울은 확신에 가득 차 있었습니다.

바울은 다메섹 도상에서 예수님을 만난 이후 길리기아, 수리아 그

---

29) Murphy-O'Connor, Jerome (2006), *바울 이야기*, 139.

리고 갈라디아 지방을 다니면서 하나님의 역사하심을 체험하였고 이방인들을 향한 하나님의 사랑을 확실히 알고 있었습니다. 이방인들의 구원은 예수님을 그리스도로 고백하는 믿음에서 이루어지는 것이지, 율법을 지키는 것으로 이루어지는 것이 아니라는 믿음이 마음속에서 불타고 있었기에, 바울은 이 뜨거운 확신을 가지고 예루살렘을 향하여 나아갔습니다.

3) 예루살렘 회의는 어떤 과정을 거쳐 어떤 결론을 내렸을까요?

첫째, 베드로가 나서서 사마리아 전도(행 8:14-25)와 이방인 고넬료 가정에 나타난 성령(행 10:1-48) 사건을 예로 들면서, 이방인에게도 성령이 역사하신다는 것을 설명하였습니다.

둘째, 바울과 바나바도 하나님이 자기들로 말미암아 이방인 중에서 행하신 표적과 이적을 간증하였습니다(행 15:12).

셋째, 야고보도 바울과 바나바의 손을 들어 주었습니다(행 15:13-21). 이방인 성도들에게 율법에 따른 할례를 강요하지 않기로 하고 단지 네 가지만 금지시켰습니다(행 15:20, 29).

(1) 우상에게 바쳐진 제물을 먹지 말라.
(2) 음행하지 말라.
(3) 목 매달아 죽은 동물을 먹지 말라.
(4) 피를 먹지 말라.

넷째, 바울은 자신이 그리스도의 은혜로 말미암아 직접 '이방인의 사도'(갈 2:8)로 선택을 받아 '이방인의 사도'로 이방인들에게 복음을 전한 것을 설명하였고, 예루살렘 지도자들과 베드로는 결과적으로 바울이 '이방인의 사도'라는 것을 인정하였습니다; "또 기둥같이 여기는 야고보와 게바와 요한도 내게 주신 은혜를 알므로 나와 바나바에게 친교의 악수를 하였으니 우리는 이방인에게로, 그들은 할례자에게로 가게 하려 함이라"(갈 2:9).

예루살렘 교회는 결정된 내용을 안디옥, 수리아와 길리기아에 있는 이방인 성도들에게 알리기 위해 '바사바'라 하는 유다와 실라를 바울 일행과 함께 안디옥으로 보내기로 결정했습니다(행 15:22). 예루살렘 교회의 결정과 아무 상관 없이 스스로 이방 지역을 다니면서 이방인 성도들을 현혹시키고 괴롭히는 자들이 있다는 소식을 들었기 때문입니다; "들은즉 우리 가운데서 어떤 사람들이 우리의 지시도 없이 나가서 말로 너희를 괴롭게 하고 마음을 혼란하게 한다 하기로"(행 15:24).

4) 이방인과의 식탁 교제 문제가 남아 있었습니다.

첫째, 예루살렘 회의가 끝나고 바울의 2차 선교 여행이 있기 전, 베드로가 안디옥을 방문한 적이 있습니다. 베드로가 안디옥의 이방인 성도들과 음식을 먹고 있을 때, 예수님의 형제인 야고보가 보낸 사신들이 안디옥에 왔다는 소식을 듣고는 몰래 도망갔습니다. 이 상황을 두고 바울은 베드로를 책망합니다; "게바가 안디옥에 이르렀을 때에 책망 받을 일이 있기로 내가 그를 대면하여 책망하였노라"(갈 2:11).

둘째, 예루살렘 회의는 바울에게 손을 들어 주었지만, 유대인 전통에서 자라난 유대인들에게는 이방인들과의 관계가 그리 쉽지는 않았습니다. 안디옥 교회 성도들 사이에서 유대인과 이방인 사이의 식탁 교제가 큰 문제로 나타났습니다. 안디옥 교회에 있었던 이방인 성도들도 유대인을 바라보는 생각이 다양했습니다.[30]

---

30) Murphy-O'Connor, Jerome (2006), *바울 이야기*, 151.

⑴ 할례를 하고 유대인이 된 이방인 성도가 있었습니다.

⑵ 할례를 하지는 않았지만, 유대인 성도들에게 무례를 범하지 않기 위해 유대인들의 식사법을 지켰던 이방인 성도가 있었습니다(유대인들은 돼지고기와 우상에게 바쳐진 고기를 먹지 않습니다).

⑶ 유대인들이 이방인을 거절한 것처럼, 유대인들의 정서를 거절하는 이방인 성도들도 있었습니다.

제4장
바울의 2차 선교 여행

1. 바울과 바나바의 논쟁(행 15:36-40)

바울과 바나바는 얼마 후 이전에 복음을 전했던 지역의 형제들이 신앙 안에서 잘 지내고 있는지 궁금해서 다시 방문하기로 결정했습니다. 그런데 바나바는 1차 선교 여행 시 버가에서 예루살렘으로 돌아갔던 마가라 하는 요한을 다시 데리고 가자고 바울에게 요청합니다. 마가라 하는 요한도 이번 2차 선교 여행에 동참하려고 합니다.

1) 마가라 하는 요한은 왜 동참하려고 했을까요?
첫째, 아마도 전도자로서 훈련이 부족했던 요한은 예루살렘 교회의 성도들과 2~3년 동안 함께하면서 많은 것을 배웠을 것입니다. 이에 1차 선교 여행 때의 실수를 만회하려고 2차 선교 여행에 동참하려고 했을 것입니다.

둘째, 예루살렘 회의에서 이방인들에게 할례를 받게 할 필요가 없다고 결정을 내렸기 때문입니다. 할례당이었던 요한도 이 결정을 겸허히 받아들여 더 이상 바울과 싸울 이유가 없어졌습니다. 그런데 마침 2차 선교 여행을 위한 바나바의 부름이 있었고, 요한은 이 부름을 받아들여 안디옥에 왔을 것입니다.

2) 바울은 어떤 결정을 합니까?

첫째, 바울은 마가라 하는 요한을 팀의 일원으로 받아들이지 않았습니다.

(1) 그 이유는 "밤빌리아에서 자기들을 떠나 함께 일하러 가지 아니한 자를 데리고 가는 것이 옳지 않다"(행 15:38)는 것이었습니다.

(2) 예수님이 "아버지가 일하시니 나도 일한다"(요 5:17)라고 말씀하

바나바의 무덤, 살라미, 구브로
바나바는 살라미의 유대인 가정에서 태어나 예루살렘에서 교육을 받았지만, 예수님을 믿은 후 고향에 돌아와 기독교를 전파했다. A.D. 52년 유대인들이 던진 돌에 맞아 살라미의 한 바닷가에서 순교했다고 전해진다.

신 것처럼, 우리도 하나님의 일을 계속해야 합니다. 하나님의 일을 할 때 요한은 함께 일하지 않았기에 바울은 요한을 받아들이지 않았습니다.

둘째, 그래서 바나바는 요한을 데리고 구브로로 가고, 바울은 실라(Silas)와 함께 2차 선교 여행을 떠나기로 합니다(행 15:39-40).

3) 바울은 왜 실라를 선택했을까요?

첫째, 실라는 예루살렘 회의 결과를 객관적으로 설명할 수 있는 사람이었습니다. 예루살렘에서 안디옥으로 내려온 유대 기독교인들이 이방인들도 할례를 받아야 한다고 주장해서 예루살렘 회의가 열렸습니다. 실라는 그때 회의에 참석했고, 안디옥, 수리아 그리고 길리기아의 성도들에게 회의의 결정을 담은 공문서를 전달하고 알렸습

다소의 북쪽에 있는 로마 도로, 다소
'Via Tauri'라고 불리던 로마 도로가 다소의 북쪽에 있었고, 이 도로를 통하여 바울과 실라는 서쪽으로 넘어갔다.

니다. 이런 경험을 한 실라가 선교 여행에 동참한다면, 만일 문제가 발생할 경우 예루살렘 회의 내용을 객관적으로 설명할 수 있게 되니, 실라의 동참은 선교에 큰 장점이 되겠다고 생각했을 것입니다.

둘째, 실라는 로마 시민권자였습니다. 선교 여행은 로마 제국 내에서 이루어졌는데 로마 시민권자는 로마 제국에서 자유롭게 여행할 수 있었습니다. 바울은 실라도 자신처럼 로마 시민권자임을 알고 있었다는 것입니다.[31]

바울과 실라는 안디옥 북쪽에 있는 아믹 평야, 아마누스 산맥의 앗시리아 관문을 거쳐 알렉산드레타(알렉산더 대왕이 앗시리아 관문을 점령하기 위해 세운 마을, 오늘날 이스켄데룬)와 길리기아 평야 그리고 다소를 지나 타우루스 산맥을 넘을 때까지 수리아와 길리기아 지방의 교회를 방문하고 성도들의 믿음을 굳게 합니다(행 15:41).

2. 길리기아 관문(Cilicia Gates)

1) 길리기아에서 아시아로 넘어가기 위해 길리기아 관문을 넘었습니다.

바울과 실라가 길리기아 지방에서 아시아로 넘어가려면 길리기아 관문을 넘어가야만 했습니다.

첫째, 길리기아 관문은 타우루스 산맥을 넘어가는 폭 2~3m, 해발 1,050m로 깊고 폭이 좁은 골짜기입니다.

둘째, 길리기아 관문 옆에 큰 돌이 있습니다. '알렉산더 대왕의 돌'이라고 불립니다. 돌 안에는 이 관문을 통과한 유명한 사람들의 이

---

31) 이복순 (2001), *사도 바울의 생애와 사역*, 130.

길리기아 관문, 다소
타우루스 산맥은 튀르키예 남부의 산맥으로 지중해 연안과 아나톨리아 고원을 나눈다. 이 두 지역을 연결해 주는 곳이 깊고 폭이 좁은 길리기아 관문이다.

름이 새겨져 있었다고 합니다.[32] 이들의 이름은 세미라미스, 고레스, 알렉산더 대왕, 하드리안 황제인데, 세계사에 영웅으로 불리는 사람들입니다. 그러나 자기의 욕구, 욕망을 성취하기 위해 군인들을 동원해 많은 사람을 죽인 자들이라고 볼 수 있습니다. 즉, 이들의 발걸음은 사람들을 죽이기 위한 발걸음이었습니다.

그러나 바울은 영원한 안식처를 사람들에게 알리기 위해 이 관문을 넘어갔습니다. 바울의 발걸음은 사람들을 살리기 위한 발걸음이었습니다. 그렇다면 우리의 발걸음은 어떤 발걸음이 되어야 하겠습니까?

---

32) 이영철 (2013), *사도 바울*, 114.

2) 바울은 실라와 함께 길리기아 관문을 넘어 어디로 갔을까요?

첫째, 더베, 루스드라와 이고니온을 방문합니다. 1차 선교 여행 때 십자가에서 죽으시고 부활하신 예수가 하나님의 아들이심과 그리스도이심을 받아들인 성도들이 신앙 안에서 잘 지내고 있는지, 박해 속에서 잘 견디고 있는지 살피기 위해 격려와 위로의 방문을 하였습니다.

둘째, 바울은 디모데 가족과 교제하며, 루스드라와 이고니온에 있는 형제들에게 칭찬받는 디모데를 선교 여행에 동참시킵니다. 유대인 중에 디모데의 부친이 헬라인이라는 것을 아는 이들이 있었기에 바울은 이때 디모데를 데려다가 할례를 시킵니다. 유대인들은 이방인들과 함께 다니지도 않고 함께 식사도 하지 않는 전통이 있었기 때문입니다(행 16:1-3).

3. 성령의 인도하심

"성령이 아시아에서 말씀을 전하지 못하게 하시거늘 그들이 브루기아와 갈라디아 땅으로 다녀가"(행 16:6).

1) 바울은 아시아 지방에 가고자 했습니다.

첫째, 바울은 실라와 디모데를 데리고 비시디아 안디옥을 방문하여 성도들과 교제하고 아시아로 가려고 했지만 성령께서 허락하지 않으셨습니다.

둘째, 성령께서는 왜 바울이 아시아에서 말씀 전하는 것을 허락하지 않으셨을까요?

(1) 바울은 실라와 함께 디모데를 데리고 아시아의 중심 도시인 에베소로 직행하려고 했습니다. 교통의 중심이 되는 대도시를 본거

북 갈라디아
주전 278~277년 비두니아 왕의 요청으로 켈트인들이 프톨레마이오스 왕국의 군인들을 무찌르고 그 대가로 세 지역을 선물로 받았다(페시누스, 앙키라, 타비움). 즉, 북 갈라디아는 켈트인들이 사는 지역을 말한다.

지로 삼아 주변으로 확장하는 선교는 바울의 기본 선교 전략이었고, 실제로도 효과적입니다. 그러나 성령께서는 바울이 에베소로 가서 온 아시아에 복음을 전하는 것을 막으셨습니다.

(2) 바울은 브루기아와 갈라디아(바울의 첫 번째 선교, 행 16:6)를 거쳐 비두니아를 지나 무시아의 드로아에 도착했을 때 왜 하나님이 아시아에서 말씀 전하는 것을 허락하지 않으셨는지 환상을 통해 알게 되었습니다(행 16:7). 즉, 마케도니아에 가서 복음을 전하게 하기 위함이었습니다; "밤에 환상이 바울에게 보이니 마게도냐 사람 하나가

서서 그에게 청하여 이르되 마게도냐로 건너와서 우리를 도우라 하거늘"(행 16:9).

2) 바울은 에베소에 가서 복음을 전할 수 있었습니다.

첫째, 하나님은 당신의 말씀이 전파되기를 원하십니다.

바울이 대도시 기본 선교 전략에 따라 에베소로 가서 복음을 전했다면 에베소에 믿음의 씨앗들이 심기고 자라났을 것이라고 확신할 수 있습니다. 하나님의 말씀은 영이고 생명이므로 말씀이 선포되는 곳에는 항상 생명이 생기게 됩니다.

둘째, 하나님은 당신이 생각하시는 시간과 순서가 있습니다.

하나님께서는 당신의 말씀이 전파되기를 원하시지만 하나님께서 생각하는 시간과 순서가 있습니다.

(1) 하나님의 시간과 순서를 인간이 바꿀 수는 없습니다. 그래서 하나님 앞에서 우리가 제일 먼저 해야 할 일은 성령의 인도하심을 받아 순종하는 일입니다. 하나님께서 성령을 통해서 오늘 우리에게 무슨 말씀을 하고 싶어 하시는지, 시간과 순서가 어떻게 되는지 하나님께 귀를 기울여야 합니다. 내 생각이 아닌 하나님의 생각을 먼저 구하는 기도를 통해 하나님께서 일하시도록 모든 것을 맡겨야 합니다(행 14:23).

(2) 이런 관점에서, 바울은 비록 에베소에서 선교하고 싶어 했지만 성령님의 인도하심을 따라 아시아, 갈라디아 그리고 브루기아를 그냥 통과하였습니다. 그렇게 드로아까지 왔을 때, 그는 환상을 통해서 유럽 선교가 아시아보다 더 시급하다는 기도의 응답(행 16:10)을 얻었습니다.

그래서 바울은 실라, 디모데 그리고 드로아에서 합류한 누가와 함께 드로아 항구에서 배를 타고 마케도니아 지방, 지금의 그리스 북

드로아(마케도니아인, 목욕탕, 항구 도로, 항구)

바울은 드로아에서 마케도니아인 환상을 본다. 드로아는 주전 310년 알렉산더 대왕의 친구이자 장군인 안티고노스에 의해 세워진 항구 도시로, 세운 사람의 이름을 따라 '안티고니아'라 불렸다. 후에 리시마쿠스가 알렉산더 대왕을 생각하며 이름을 '알렉산드리아 드로아'로 바꾼다. 성경은 이곳을 '드로아'로 설명한다.

부로 넘어갑니다.

4. 빌립보에서의 바울

"거기서 빌립보에 이르니 이는 마게도냐 지방의 첫 성이요 또 로마의 식민지라…"(행 16:12).

바울 일행은 빌립보에 도착하여 며칠 쉬면서 그곳 사정을 알아보

앉고, 회당이 없다는 것을 확인하였습니다. 회당이 없는 이유가 유대인 남자가 10명이 없었던 것인지, 유대 남자들이 신앙이나 열성이 적었기 때문인지, 그 이유는 모릅니다.

바울과 실라는 안식일에 성문 밖 지각티스(Zygaktis) 강가로 나갔다가 거기서 여자들을 만납니다. 그들 중에 두아디라 성의 자주 장사로서 하나님을 공경하는 루디아라 하는 여자의 도움으로 전도를 위한 거처를 마련하였습니다. 먼저 루디아와 그 집 사람들이 세례를 받았습니다(행 16:14-15). 이후 바울은 빌립보의 아고라를 중심으로 복음을 전하였습니다.

1) 바울이 루디아를 만난 것은 어떤 의미일까요?

바울이 빌립보에서 루디아를 만난 일은 영적으로 어떤 의미가 있

빌립보 성 밖 루디아 교회
빌립보는 알렉산더 대왕의 아버지 빌립 2세에 의해 세워졌고 금광을 통해서 부요한 도시가 되었다. 빌립보 전투 후(B.C. 42) 빌립보는 로마의 자치시로 승격하여 자치권, 면세권 등의 권리를 누리게 되었다.

빌립보의 지각티스(Zygaktis) 강
빌립보 성 밖을 흐르고 있는 강으로 루디아는 이곳에서 바울을 만났고, 이후 이곳에서 세례(침례)를 받았다.

을까요? 이는 바울이 '평안의 사람'을 찾았다는 뜻입니다.

첫째, 예수님이 70인을 세우고 밖으로 보내실 때 '평안의 사람'을 찾으라고 하셨습니다(눅 10:5-6).

둘째, '평안의 사람'을 찾는 것이 선교의 시작입니다. 예를 들어, 사마리아 여인처럼 '평안의 사람'이 마을에 있으면, 그 사람을 중심으로 복음의 진입이 이루어지기 때문입니다(요 4:28-30).

2) 바울은 기도하는 곳으로 가다가 점치는 귀신 들린 여종 하나를 만났습니다.

첫째, 점치는 귀신 들린 여자는 점을 치며 주인에게 이익을 가져다주고 있었습니다(행 16:16).

둘째, 이 여자가 여러 날 바울을 따라다니면서 귀찮게 하였습니다. 여자 속에 있는 점치는 귀신이 바울 속의 성령을 불편하게 한 것입니다.

(1) 성경에서 예수님이 하나님의 아들임을 누가 가장 먼저 알았습니까? 가버나움 회당에 있었던 절름발이입니다(막 1:24). 이 자의 속에 있는 귀신은 예수님이 하나님의 아들임을 알았습니다. 영들은 서로 알고 있습니다.

(2) 여종의 입에서 나온 말은 하나님을 찬양하는 말이 아니었고, 바울의 일을 방해하였습니다. 그래서 불편해하던 바울은 결국 점치는 귀신을 여종의 몸에서 쫓아내었습니다; "이같이 여러 날을 하는지라 바울이 심히 괴로워하여 돌이켜 그 귀신에게 이르되 예수 그리스도의 이름으로 내가 네게 명하노니 그에게서 나오라 하니 귀신이 즉시 나오니라"(행 16:18).

셋째, 귀신 들린 여종의 주인들은 어떻게 했습니까?

주인들은 자기 이익의 소망이 끊어진 것을 보고 바울과 실라를

빌립보의 베마
베마는 시장에서 논쟁이 발생했을 때 해결하기 위해 만든 돌로 만든 단이다. 법원과 같은 기능을 가지고 있다. 점치는 귀신을 여종의 몸에서 쫓아냈다는 이유로 바울은 이곳에서 고소를 당했다.

잡아 시장 거리로 끌고 가서 관원들에게 고소했습니다. 고소 내용은 (1) 유대인이다, (2) 성을 심히 요란하게 했다, (3) 로마인들에게 용납될 수 없는 풍속을 전했다는 것입니다(행 16:20-21).

3) 바울과 실라가 감옥에 갇힙니다.

첫째, 관원들은 사정도 들어보지 않고 공중 앞에서 바울과 실라를 때리고 감옥에 가두게 했습니다. 바울과 실라는 발목이 쇠사슬에 묶인 채 감옥에서 주님을 찬양하였고, 이때 지진으로 인해 옥문이 열리는 기적이 일어납니다(행 16:26).

(1) 간수는 바울과 실라가 도망간 줄 생각하고 자결하려고 했습니다(행 16:27).

(2) 그러나 바울과 실라는 옥문이 열렸을 때 탈출하지 않았습니다(행 16:28).

둘째, 간수가 자결하려는 그 순간, 바울과 실라가 그 옆에 있었습니다. 이것은 무슨 뜻입니까? 복음을 전할 기회는 항상 우리를 기다려주지 않는다는 말입니다. 그래서 우리는 복음을 전할 기회를 놓치지 않기 위해 항상 복음이 들어가지 않은 현장에서 기도하면서 대기해야 합니다. 간수가 자결하려는 긴박한 상황 속에서 바울과 바나바는 신속하고 간단하게 복음을 전했습니다; "주 예수를 믿으라 그리하면 너와 네 집이 구원을 받으리라"(행 16:31).

셋째, 바울이 전한 간단한 한 문장의 복음은 간수의 마음을 흔들어 놓았습니다. 하나님의 은혜가 간수의 마음에 충만하게 넘쳤고 간수는 가족까지 불러와 함께 구원받는 축복과 세례까지 받았습니다(행 16:32-34).

4) 바울은 억울하게 갇혔을 때 하나님의 능력을 경험하였습니다.

바울은 아무 힘 없이 억울하게 잡혀 얻어맞고 감옥에 갇혔을 때, 전혀 예상하지 못했던 하나님의 능력을 경험하였습니다.

첫째, 예수님은 열두 군단 더 되는 천사를 동원하여 자기를 대적하는 자들과 싸울 수 있었지만 그렇게 하지 않으셨습니다(마 26:53). 즉, 힘에 의한 사역을 추구하지 않으셨습니다.

둘째, 모세도 막강한 왕자의 신분으로 있을 때 이스라엘을 구하려 했지만 실패하였습니다. 그러다 그가 80세가 되어 광야에서 매우 약하게 되었을 때, 즉 자신을 의지하지 않고 전적으로 하나님을 의지하였을 때 하나님께서 그를 통하여 이스라엘을 구원하셨습니다.

셋째, 빌립보에서 바울은 불합리하게 얻어맞고 감옥에 갇혔지만 하나님께서 역사하셔서 감옥에서 나오고 간수와 가족까지 주님을 영접하는 역사가 일어났습니다.

넷째, 바울은 삼층천에 다녀온 영적 경험이 있었지만(고후 12:2), 그는 겸손하게 사역하였습니다. 바울은 이렇게 고백하였습니다; "**내가 약한 그때에 강함이라**"(고후 12:10). 어려울 때, 힘들 때, 포기하고 싶을 때, 바로 그때가 하나님의 능력이 나타날 때입니다. 나의 힘과 능력이 아닌, 오직 하나님의 능력만을 의지할 때 하나님께서 역사하십니다.

하나님의 능력만을 의지하는 선교가 건강한 선교입니다. 몇 가지 실제 사례를 보겠습니다. 2005년, 튀르키예인과 결혼하여 셀축에 살고 있던 한국 기독교인 여성이 병환으로 세상을 떠났는데, 셀축 시에서 처음으로 기독교인 묘지를 만들어 장례를 치르도록 허락했습니다. 이때 TV와 라디오를 통하여 기독교식 장례식이 전파되면서 하나님의 복음의 말씀을 전할 수 있었습니다. 또한 2007년, 말라트야 순교 사건에서 미망인들의 "그들을 미워하지 않고 오히려 사랑한다,

용서한다"라는 신앙고백이 TV와 신문을 통해 많은 지역에 전파되었습니다.

그러나 사역자들은 세상의 힘을 이용하여 선교하려는 유혹을 받곤 합니다. 과거 사역자들이 부요 속에서 힘의 선교를 한 것이 오늘날 선교에 큰 장애 요소로 작용하고 있습니다. 오늘날에도 돈으로 하는 물량주의, 돈으로 영향력을 행사하는 사역, 돈으로 하는 거대한 프로젝트 등의 사역을 계속하고 있는데, 결코 건강한 선교라 할 수 없습니다.[33]

이후에 빌립보의 관료들은 바울과 실라가 로마 시민이었다는 소식을 듣고 두려워하며 감옥으로 찾아와 잘못을 빌었습니다. 바울과 실라는 그들의 잘못을 받아들이고 감옥을 나와 루디아의 집에서 형제들과 교제한 후 길을 떠났습니다(행 16:37-40).

5) 빌립보에서 바울의 선교는 현지인 자원을 활용하는 선교였습니다.

첫째, 바울은 교회를 세울 때마다 '자립'(self-support), '자치'(self-government)를 원칙으로, 그 지역의 복음화를 위해 사명을 감당하도록 가르쳤습니다.

(1) 선교 여행의 시작인 안디옥 교회, 아시아의 전진 기지인 에베소 교회는 어느 누구의 통제나 지시를 받지 않고 오직 성령의 인도하심을 따랐습니다. 세워진 지도자들을 중심으로 서로 협력하며 맡겨진 은사에 따라 교회 일들을 스스로 처리하였습니다. 이렇게 세워진 교회들은 재정적으로도 외부의 어떤 힘에 의존하지 않았습니다.

---

33) 김연수 (2015), "한국 선교의 구조적, 사역적, 개인적 측면에서의 문제와 대안", *제7차 한인세계선교사회 지도력 개발회의*, 34-35.

(2) 빌립보 교회는 바울의 양육을 받은 루디아를 통하여 자립과 자치를 할 수 있는 교회가 되었습니다. 루디아는 리디아 지역의 두아디라 성 출신으로 붉은 옷감을 파는 여인이었는데, 장사를 위해 두아디라를 떠나 빌립보에서 살고 있었고, 안식일에 바울 일행을 만나 마케도니아와 유럽에서 최초의 회심자가 되었습니다. 이후 루디아는 자기 집을 모임 장소로 개방하여 유럽의 첫 번째 교회로 만들었습니다(행 16:15). 그뿐만 아니라 빌립보 교회는 성령의 인도하심에 따라 지역 복음화 사명을 감당하면서 복음의 전진 기지 역할을 하는 선교하는 교회로 성장하였습니다.

둘째, 이처럼 사역자는 가능하면 외국 자원을 끌어들이기보다 선교지의 인적, 물적 자원을 개발하고 동원하는 선교를 추구하여야 합니다.

오늘날 많은 선교사들이 하는 실수는 외국 자원을 과도하게 사용하여 현지 교회들에게 의존심을 심는다는 것입니다. 또한 예배당을 지어 주는 일을 중요한 선교 사역으로 생각하는 선교사들이 많은데, 현지 교회들을 자립과 자치를 하는 토착 교회 그리고 더 이상 선교의 대상이 아닌 선교하는 교회로 세워야 합니다. 여러 지역을 다녀 보면, 선교지에 세워진 교회가 30년이 지났지만 아직까지 교회 건물이 없고 외부의 도움으로 운영되고 있는 안타까운 모습을 볼 수 있습니다. 선교지의 어려운 환경이 있을 수 있지만 더욱 열심을 내어 토착화 교회를 넘어 선교하는 교회로 만드는 데 노력해야 할 것입니다.

5. 데살로니가에서의 바울

"그들이 암비볼리와 아볼로니아로 다녀가 데살로니가에 이르니 거기 유대인의 회당이 있는지라 바울이 자기의 관례대로 그들에게로 들어가서 세 안식일에 성경을 가지고 강론하며"(행 17:1-2).

1) 바울은 3주 동안 유대인 회당을 중심으로 복음을 전했습니다.

첫째, 바울은 회당을 중심으로 십자가에서 죽으시고 부활하신 예수가 하나님의 아들이심과 그리스도이심을 전했고, 경건한 헬라인들과 적지 않은 귀부인들이 마음을 열고 바울 일행을 받아들였습니다(행 17:3-4).

둘째, 바울 일행을 받아들인 자들 중에 야손이라는 사람이 이들에게 숙소를 제공해 주었습니다. 야손의 집을 중심으로 말씀을 전했는데, 많은 사람이 주님을 영접하였습니다.

셋째, 바울은 성도들에게 누를 끼치지 않으려고 밤낮으로 쉬지 않고 열심히 일을 하면서 복음을 전하였고(살전 2:9), 이때 빌립보의 성도들도 한두 번 바울에게 도움을 주기도 했습니다(빌 4:15-16).

2) 바울을 시기하던 유대인들이 그를 공격했습니다.

첫째, 야손의 집에 세워진 모임 공동체가 잘 성장하고 있을 때, 이것을 시기하던 유대인들이 시장의 불량배들을 동원하여 소동을 일으켰습니다. 이들은 바울을 잡으려고 바울에게 숙소를 제공한 야손의 집에 들이닥쳤으나 바울 일행을 찾지 못하였고, 이에 화가 나서 대신에 야손과 형제들을 끌고 읍장들에게 갔습니다(행 17:5-6).

둘째, 유대인들이 읍장들에게 고소합니다. 고소의 내용은 다음과 같습니다.

⑴ 천하를 어지럽게 한다(행 17:6). 즉, 로마 제국의 질서를 어지럽히고 있다.

⑵ 로마 황제의 명을 거역하고 예수라는 다른 왕을 섬긴다(행 17:7).

셋째, 읍장들은 베마[34]에서 재판을 열었습니다. 고소 당한 바울 일행을 찾지 못하여 대신 야손과 그 형제들을 심문하였고, 결국 읍장들은 바울 일행에게 숙소를 제공한 야손과 그 형제들에게 엄중한 처벌을 내렸습니다. 보석금을 받고 조건부로 풀어 주는 것이었습니다(행 17:9). 그 조건이란 바울 일행을 도시 내에 다시 들이지 않을 것이며 접촉도 하지 않겠다는 것이었습니다.

사건이 완결된 그 밤, 믿는 형제들이 바울 일행을 몰래 찾아가 남서쪽으로 약 80km 떨어진 마케도니아의 도시 베뢰아로 보냈습니다. 그들은 급한 나머지 성도들과 제대로 인사도 못 하고 데살로니가를 떠나야 했습니다. 바울은 이 사건 이후로 한두 번 데살로니가의 야손과 그곳의 형제들을 방문하고자 했지만 그들의 안전을 염려하였기에 데살로니가에 들어가지 않았습니다(살전 2:18).

6. 베뢰아에서의 바울

"밤에 형제들이 곧 바울과 실라를 베뢰아로 보내니 그들이 이르러 유대인의 회당에 들어가니라"(행 17:10).

베뢰아에는 마케도니아 사람들과 로마인 그리고 유대인이 섞여서 살고 있었습니다. 바울 일행은 베뢰아에서도 유대인의 회당에 들어

---

34) 베마는 연설이나 재판할 때 청중들이 내려다볼 수 있는 돌로 만든 단이다.

가 하나님의 말씀을, 즉 십자가에서 죽으시고 부활하신 예수가 하나님의 아들이심과 그리스도이심을 전했습니다.

1) 베뢰아 회당의 사람들은 데살로니가의 유대인들과 달랐습니다(행 17:11-12).

첫째, 베뢰아 회당의 사람들은 데살로니가에 있는 사람들보다 더 신사적이어서 마음을 열고 열심으로 받아들였습니다.

둘째, 바울로부터 들었던 말씀이 성경적인지 아닌지 날마다 상고하므로 그들의 믿음은 더욱더 굳어졌습니다. 특히 이방인인 마케도니아의 귀부인들과 남자가 적지 않게 믿었습니다.

베뢰아에서
하나님의 말씀을 전하는 바울과 간절한 마음으로 말씀을 받고 있는 베뢰아 사람들

베뢰아에서 믿는 자의 수가 늘어가면서, 데살로니가에 있는 유대인들은 하나님의 말씀이 베뢰아에서도 전해진다는 소식을 듣고 베뢰아까지 달려가 군중들을 선동하고 자극하였습니다. 베뢰아의 형제들은 곧 바울을 데리고 해발 2,917m의 올림푸스산 동쪽에 있는 항구 도시 디움(Dium)으로 이동해서 배를 타고 아테네(성경의 아덴)로 피신시켰습니다.35) 실라와 디모데는 베뢰아에 남았습니다(행 17:13-14).

2) 바울은 피신하는 과정에서 왜 실라와 디모데를 베뢰아에 남겼을까요?

데살로니가 모임 공동체에 여러 가지 환난이 있었는데, 믿음 안에 굳건히 서게 하기 위해 그들을 다시 보냈습니다; "아무도 이 여러 환난 중에 흔들리지 않게 하려 함이라…우리가 너희와 함께 있을 때에 장차 받을 환난을 너희에게 미리 말하였는데 과연 그렇게 된 것을 너희가 아느니라"(살전 3:3-4).

바울은 지난번 1차 선교 여행의 마지막 지역이었던 더베에서 수리아 안디옥으로 돌아갈 때, 초신자들에게 마음을 굳게 하고 믿음에 거하기를 권하고, 하나님 나라에 들어가려면 많은 환난을 겪어야 할 것을 알려 주고(행 14:22), 각 교회마다 지도자를 세우고자(행 14:23), 조금 전까지 어려움을 겪었던 지역들을 다시 방문했습니다.

그런데 이번에는 바울 자신이 데살로니가의 공동체에 갈 수 없는 상황이 되었습니다. 그래서 초신자들을 케어하기 위해 동역하던 실라와 디모데를 보냈습니다. 바울은 자기가 갈 수 없을 시 동역자를 보내는 열의가 있었고, 실라와 디모데도 이러한 바울의 열정에 협력하였습니다.

---

35) Meinardus, Otto F.A. (1972), *St. Paul in Greece*, 36.

7. 아테네에서의 바울

"바울이 아덴에서 그들을 기다리다가 그 성에 우상이 가득한 것을 보고 마음에 격분하여 회당에서는 유대인과 경건한 사람들과 또 장터에서는 날마다 만나는 사람들과 변론하니"(행 17:16-17).

1) 아테네는 어떤 도시일까요?

첫째, 소크라테스, 플라톤, 아리스토텔레스, 에피쿠로스, 제노 등 많은 철학자를 배출하여 다소, 안디옥, 알렉산드리아까지 영향을 주던 학문과 문화의 도시였습니다.

둘째, 아크로폴리스를 중심으로 많은 신전이 있었고, 신상의 숫자가 무려 3만 개가 넘는 종교적인 도시였습니다.

2) 바울은 아테네에서 어떤 사역을 했습니까?

첫째, 바울은 회당과 아고라에서 복음을 전했습니다.

둘째, 아고라에는 일반 시민과 철학자들의 토론장이 자연스럽게 만들어져 있었습니다. 바울도 아고라에서 이들과 토론하였는데, 결국 아레오바고[36]로 자리가 옮겨지고 그곳에서 논쟁이 본격적으로 시작됩니다. 그 당시 아덴에서 영향력이 있었던 에피쿠로스 학파(Epicureanism)는 현세의 만족을 주장하는 향락주의자들이었기에 부활을 거부하였고, 스토아 학파(Stoicism)는 영혼 불멸을 믿었으므로 이들은 예수님의 부활에 대해 다시 듣기를 원했습니다[37]; "그들이 죽은 자의 부활을 듣고 어떤 사람은 조롱도 하고 어떤 사람은 이 일

---

36) 아레오바고는 '법정 또는 아레스의 평의회'라는 뜻으로 주로 종교, 교육, 도덕적 문제에 대한 재판권을 행사하던 권력기구였습니다.
37) 이복순 (2001), *사도 바울의 생애와 사역*, 164.

아테네
파르테논 신전 외에 많은 신전들이 아크로폴리스에 세워졌다.

아테네의 아레오바고 언덕에서
바울은 아고라에서 일반 시민 그리고 철학자들과 토론하였고, 이후 아레오바고에서 본격적으로 논쟁하였다.

에 대하여 네 말을 다시 듣겠다 하니"(행 17:32).

다시 말해, 아덴에 거주하는 사람들에게 특별히 새로운 것에 대해 알고자 하는 욕구를 지닌 스토아, 에피쿠로스 학파에 속한 철학자들에게 바울이 부활에 관한 복음을 전하자 양자 간에 논의와 토론이 일어났습니다. 사실 소크라테스도 5세기 전에 그리스에서 믿는 신을 믿지 않고 다른 새로운 것을 믿은 죄 때문에 이곳에서 사형 선고를 받았습니다.38) 지금 바울도 그리스인들이 믿지 않는 다른 신을 믿으라고 선포하고 있습니다.

셋째, 십자가에서 죽으시고 부활하신 예수가 하나님의 아들이심과 그리스도이심을 전하는 바울의 설교가 비록 짧았지만, 아테네에서 철학자들의 가치관과 사고 체계 그리고 종교성을 송두리째 뒤집어 놓았습니다. 왜냐하면 인류를 구원하기 위해서 하나님의 아들이 몸을 입고 성육신하였으며 십자가에서 죽었고 몸으로 부활했다는 사실은 헬라 철학 세계에서는 도무지 상상도 할 수 없고, 들어 보지도 못한 사건이었기 때문입니다.

(1) 소크라테스나 플라톤의 철학적 사상은 '육체는 영혼의 감옥'이고 '육체는 불결하고 더럽다'는 것입니다.39) 영원하고 고결한 영혼이 더럽고 불결한 육체의 감옥에 있다고 보는 이원론적인 철학입니다. 이들은 영혼과 육체를 나누어 서로 전혀 관계가 없게 만들어서, 인간이 죽은 뒤에 그 영혼이 불결하고 더러운 감옥 같은 육체에서 나와 영원히 산다는 소위 영혼 불멸설을 주장했습니다. 즉, 육체가 없는 영혼 불멸설을 주장한 것입니다.

---

38) 이복순 (2001), *사도 바울의 생애와 사역*, 160.
39) 방요한 (2014), *왕과 사도*, 98-99.

이것은 기독교의 신앙과 매우 다릅니다. 우리도 영혼의 불멸을 믿습니다. 그러나 우리는 육체가 없는 불멸이 아니라 육체 곧 부활의 몸을 가진 영혼의 불멸을 믿습니다. 소크라테스는 육체가 없는 영혼 불멸설에 입각해서 자신의 죽음의 공포를 이겨 내면서 초연히 독배를 마셨습니다. 소크라테스는 그의 제자 플라톤과의 대화편에서 이렇게 고백합니다.

"슬퍼할 일 없다. 죽음이란, 단순히 육체와 영혼의 분리일 뿐이다. 육체는 영혼의 감옥이고, 죽음이란 불결한 육체, 육체의 속박에서 벗어나는 것뿐이다. 영혼만이 불멸하다."

(2) 소크라테스나 플라톤을 추종하는 헬라 철학자들은, 어떻게 하나님의 아들이 불결한 몸을 입고 오실 수 있으며, 어떻게 더러운 몸으로 십자가 고난을 받고 몸이 부활할 수 있는지 알지 못했습니다. 사도 바울이 전한 '예수 그리스도의 성육신과 십자가의 죽으심 그리고 몸의 부활'을 도무지 이해하지 못했습니다. 그래서 철학자들은 "그들이 죽은 자의 부활을 듣고 어떤 사람은 조롱도 하고 어떤 사람은 이 일에 대하여 네 말을 다시 듣겠다"(행 17:32)라고 하였습니다.

3) 바울은 에피쿠로스 학파, 스토아 학파와의 논쟁에서 그 한계점에 부딪혔습니다.

첫째, 바울은 자기 지식이나 논리나 언변을 자랑하면서 논리 정연하게 복음을 전하였습니다.

그러나 그가 전한 복음에는 그리스도의 복음의 완전성이 드러나지 않았습니다. 그래서 이것을 깨달은 바울은 고린도에서 복음을 전할 때 말과 지혜의 아름다운 것으로 복음을 전하지 않았다고 고백합니다; "형제들아 내가 너희에게 나아가 하나님의 증거를 전할 때에 말과 지혜의 아름다운 것으로 아니하였나니 내가 너희 중에서 예수 그리스도와 그가 십자가에 못 박히신 것 외에는 아무것도 알지 아니하기로 작정하였음이라"(고전 2:1-2).

둘째, 바울의 혼 속에 아직도 변화되지 못한 율법적 종교적 도덕적 모습이 그를 변론과 다툼 속으로 몰아갔습니다.

바울은 나중에 디모데와 디도에게 편지를 쓸 때 이단주의자들과의 관계에서 피해야 할 것들을 언급하면서 '변론과 언쟁 그리고 말다툼을 피하라'고 하였습니다(딛 3:9). 이런 일은 무익하고 헛된 일이며, 정력과 시간을 허비하여 더 중요한 본연의 사역을 게을리할 것을 염려했기 때문입니다(딤후 2:14-16, 23).

바울은 아테네에서 많은 우상과 철학 사상, 즉 견고한 진을 보았지만 어떤 귀신의 견고한 진도 무너뜨리려고 하지 않았고 마귀에 대해서도 언급하지 않았습니다. 그러나 바울이 전한 복음을 믿은 사람들은 구원을 받았는데, 아레오바고 관원 디오누시오와 다마리라 하는 여자와 다른 사람들입니다(행 17:34). 특별히 디오누시오는 이후 아테네의 초대 감독이 되어 아테네에 교회가 세워질 때 큰 역할을 하였습니다.

8. 고린도에서의 바울

"그 후에 바울이 아덴을 떠나 고린도에 이르러 아굴라라 하는 본도에서 난 유대인 한 사람을 만나니 글라우디오가 모든 유대인을 명하여 로마에서 떠나라 한 고로 그가 그 아내 브리스길라와 함께 이달리야로부터 새로 온지라 바울이 그들에게 가매 생업이 같으므로 함께 살며 일을 하니 그 생업은 천막을 만드는 것이더라"(행 18:1-3).

1) 고린도는 어떤 도시였습니까?

첫째, 고린도는 북쪽의 그리스 본토와 남쪽의 펠로폰네소스 반도를 잇는 지역에 위치하며 그리스의 북과 남을 연결해 주는 도시였습니다. 고린도의 서쪽에는 레카이온(Lechaion) 항구가 있어서 고린도 만(Gulf of Corinth)을 통하여 아드리아 해, 이오니아 해를 거쳐서 이탈리아로 빠집니다. 동쪽에는 겐그레아(Cenchreae) 항구가 있어서 사로닉 만(Saronic Gulf)을 거쳐 에게해로 나가 흑해나 동지중해를 통하여 소아시아나 팔레스타인, 이집트로 통하게 됩니다. 즉 그리스, 로마 그리고 아시아를 연결하는 교통, 산업 그리고 상업의 중심지였습니다.

둘째, 굉장히 부도덕한 도시였습니다. 최고의 도덕을 지닌 기독교의 관점으로 볼 때 음란과 음행은 가장 타락한 성적인 범죄인데, 고대 그리스인들에게는 공공연하게 자행되던 일종의 문화였습니다.

이러한 음란과 음행은 종교적 제의와 연관이 있습니다. 고대 바빌로니아 신전에 바알이라고 하는 신의 성교를 위한 방이 마련되어 있었는데, 그 방에 거주하던 여사제의 대상은 신의 화신으로 표현되는 남성들이었습니다. 이때 남성들은 일종의 헌금으로 은화를 주었는데 이를 '신성한 매춘'이라고 여겼습니다. 이 문화가 그리스의 신탁에 적용되어 신전의 여사제들이 일종의 엑스터시(환각) 상태에서 신의 교시를 내렸고, 이때 엑스터시에 이르기 위해 신탁을 하러 온 신자와 성교를 했습니다. 이것이 고대 그리스의 한 문화로 자리를 잡으면서 음란과 음행 그리고 술 취함이 끊임없이 이루어졌습니다.

특별히 고린도는 대표적인 음란과 음행이 있는 도시였습니다. 고린도 자체의 보호신이었던 아프로디테는 사랑의 여신으로 구약에 나오는 아스다롯입니다. 도시 뒤편 언덕의 바위 위에 아프로디테 신전이 세워져 있었는데, 신전에서 일하는 여사제가 1,000명이나 되었다고 합니다. 이들은 모두 여사제이지만 사랑을 숭배하는 의식에서 신성한 매춘을 하는 창녀이기도 했습니다. 이들은 저녁이 되면 시내로 쏟아져 내려와 여행객들과 항해사들을 상대로 신성한 매춘 행위를 하였습니다. 그리스인들은 신전에서 일하는 매춘부들을 성스럽게 여기면서 이들의 성생활도 개방적이 되고 문란한 성생활을 하였습니다.

셋째, 이와 더불어 악과 범죄가 늘어나면서 '고린도인 같이 산다' 하면 '부도덕한 생활을 한다'는 말과 동의어가 되었고, '고린도 사람' 하면 '포주'라는 뜻이 되고, '고린도 여자'라 하면 '창녀'라는 뜻이 되었습니다. 고린도는 음란과 범죄, 술 취함과 방탕 등 부도덕한 삶의 대명사가 되었습니다.[40]

2) 바울은 고린도에서 어떻게 일했을까요?

첫째, 수많은 범죄와 죄악의 소굴이고, 우상숭배와 각종 신전이 사람의 마음을 현혹하는 고린도에 바울이 처음 왔을 때 '약하며 두려워하며 심히 떨었다'(고전 2:3)라고 고백하였습니다. 그러나 바울이 밤에 기도할 때에(행 18:9, "밤에 주께서 환상 가운데"), 고린도 시에 주님의 백성이 많다는 말씀을 듣고 오래 머물며 복음을 전하기로 결심하였습니다; "내가 너와 함께 있으매…이 성중에 내 백성이 많음이라"(행 18:10).

둘째, 바울은 글라우디오 황제의 칙령으로 로마를 떠나 고린도에 정착한 아굴라와 브리스길라 부부를 동역자로 만나, 결국 1년 6개월 동안 고린도를 중심으로 주변 지역을 다니며 복음을 전하였습니다. 이때 겐그레아에 교회가 세워지고 여성 성도인 뵈뵈를 알게 되었습니다.

---

40) 권오현 (1997), *바울의 생애(1)*, 494-495.

고린도에서 예수님의 음성을 들은 바울, 고린도
바울은 고린도에 왔을 때 두렵고 심히 떨었지만 고린도 시에 주님의 백성이 많다는 주님의 음성을 듣고 1년 6개월을 머물렀다.

셋째, 바울은 고린도 근처에서 2년마다 열리는 이스트미아 축제 참가자들을 위해 텐트를 만들어 돈을 벌었습니다. 이스트미아 경기는 고대 그리스의 고린도 운하 주변에서 2년마다 개최되는 범 헬라 경기입니다. 바울이 고린도전서 9장 25절에서 언급한 스포츠 경기가 바로 이스트미아입니다.[41]

넷째, 바울은 실라와 디모데가 마케도니아에서 내려오매, 하나님의 말씀에 붙잡혀 '예수가 그리스도'라고 증거하자 유대인들이 대적하고 훼방하였습니다. 이에 바울은 "너희 피가 너희 머리로 돌아갈 것이요 나는 깨끗하니라 이후에는 이방인에게로 가리라"(행 18:6)라고 하고 장소를 회당 옆에 있는 디도 유스도라는 이방인의 집으로 옮겼습니다. 거기서 회당장 그리스보를 비롯해 많은 고린도인들에게

---

41) 권오현 (1997), *바울의 생애(1)*, 493.

복음을 전하고 세례를 베풀었는데, 이것이 바로 고린도 교회가 세워지는 결정적인 계기가 되었습니다(행 18:7-8).

3) 바울은 고린도에서 장기간 사역하였습니다.

바울은 그리스의 여러 지역을 다니면서, 특별히 고린도에서 장기적으로 사역을 하면서 고린도에 있는 그리스 문화를 구체적으로 경험하였습니다.

첫째, 그리스인들은 일상생활에서 나타날 수 있는 사소한 일까지 법률상의 판결을 법원에 요구하는 습관, 즉 송사하는 습관이 있어서 각 마을마다 송사를 위한 베마가 세워져 있었습니다.

둘째, 그리스는 신들의 나라로 많은 신들이 음란하고 음행하였고, 자녀들하고도 결혼하는 해괴망측한 일들이 일상화되어 있었습니다. 음란하고 음행한 신들과 함께 사는 그리스인들도 자연스럽게 음란과 음행을 자행하였습니다. 특히 신전에서 제물을 바칠 때 그리고 우상에게 바쳐진 음식을 먹을 때 여사제들과의 음란한 매춘이 이루어지면서 최고의 절정에 다다랐습니다. 음란과 음행 그리고 술 취함은 신전을 중심으로 많은 사람들에게 퍼져 나갔습니다. 또한 우상에게 바쳐진 제물이 넘쳐나면서 시장을 통해 각 가정에까지 전달되어 우상에게 바쳐진 제물을 먹게 되었습니다.

셋째, 여인들이 머리에 수건을 쓰는 문화가 있었습니다. 이 문화는 주전 메소포타미아에서 시작되었던 것으로 여자의 명예와 존엄성을 표현하는 상징이었고, 반대로 머리에 수건을 쓰지 않은 여자는 누구나 모욕을 할 수 있는 무시의 대상이었습니다.[42]

넷째, 그리스 사회는 여자들을 무시하고 멸시하였습니다.

---

42) Lerner, Gerda (1986), *Signs*, 239.

⑴ 아리스토텔레스는 "여자는 남자의 기형이다. 여자는 잘못 태어난 남자다"라고 했습니다. 철학자들의 잘못된 가르침은 많은 사람을 동성애자로 만들었습니다.

⑵ 그리스의 여인들은 비천하여 교육도 받지 못하고, 남자들의 소유물처럼 취급받았습니다. 그러나 그들의 생활력은 아주 강했습니다. 결혼할 때 여자가 남자에게 지참금을 주고 데려오기도 했고, 사위는 장모와 함께 살았습니다. 사위가 장모와 같이 살면서 갈등이 나타나기도 했습니다.

다섯째, 아테네에서 경험했던 것처럼, 그리스인들은 몸의 부활을 인정하지 않았습니다. 그리스인들은 '영은 선하고 육은 악하다'라고 믿고 있었고, '사람이 죽으면 선한 영이 악한 몸에서 해방된다'라며 죽음을 미화했습니다.

4) 바울은 이곳에서도 복음을 전했습니다.

바울은 이렇게 하나님 앞에 바르지 못한 문화 속에 살고 있었던 사람들에게 십자가에서 죽으시고 부활하신 예수가 하나님의 아들이심과 그리스도이심을 전하였습니다.

첫째, 이런 가운데 실라와 디모데가 북쪽에서 내려와 바울에게 데살로니가 성도들의 소식을 전해 주었습니다(행 18:5). 바울이 3주 동안 머물렀던 데살로니가의 성도들이 유대인들의 핍박 가운데서도 자신들의 신앙을 잘 유지하고 있다는 소식을 듣게 됩니다.

둘째, 이에 바울은 데살로니가 성도들의 인내와 사랑을 칭찬하고 위로하고 격려하면서 '주님이 오실 날을 믿음으로 바라보면서 어떠한 고난이 와도 믿음이 흔들리지 말고 낙심하지 말 것'을 권면하는 내용이 담긴 '데살로니가전서'를 보냅니다.

5) 데살로니가전서의 내용을 살펴보겠습니다.

첫째, 먼저 바울은 교회를 칭찬합니다. 믿음이 역사하고 있고(살전 1:3), 사랑의 수고가 있고(살전 1:3), 소망의 인내가 있고(살전 1:3), 환난 가운데서도 기쁨으로 말씀을 받고(살전 1:6), 믿는 자들의 본(살전 1:7)이 되고 있는 데살로니가 교회를 칭찬합니다; "그러므로 너희가 마게도냐와 아가야에 있는 모든 믿는 자의 본이 되었느니라"(살전 1:7).

둘째, 바울은 특별히 예수를 믿으면 만사형통한 게 아니라 오히려 만사불통하고 환난을 당하는데, 예수를 믿으려면 이러한 어려움과 환난을 당할 각오가 있어야 한다고 설명합니다(살전 3:4).

셋째, 헬라인 성도들에게 '음란을 버리라'고 부탁합니다(살전 4:3-5). 일반적으로 유대인들은 음식을 깨끗하게 먹고, 자녀 교육을 잘 시키고, 바람도 거의 안 피우고, 돈도 잘 벌며 성실합니다. 그러나 헬라인 성도들은 아직 과거의 음란한 삶을 완전히 버리지 못했습니다. 그래서 바울은 유대인 성도보다는 헬라인 성도를 향해서 음란을 버리고 하나님을 모르는 이방인과 같이 색욕을 쫓지 말라고 합니다; "하나님의 뜻은 이것이니 너희의 거룩함이라…"(살전 4:3).

넷째, 바울은 성도들에게 "조용히(만사에 들뜨지 않고 차분하게) 자기 일을 하고 너희 손으로 일하기를 힘쓰라…"(살전 4:11-12)라고 부탁합니다. 그 당시 자기 일을 시원찮게 하면서 남의 일에 간섭하며 다니는 성도들이 있었습니다. 이에 대해 바울은 자기 손으로 자기 일을 열심히 하라고 하였습니다. 그 이유는 성도들이 흐트러짐이 없는 삶의 모습을 세상 사람들에게 보여 줘야 하나님께 영광이 된다는 것입니다.

다섯째, 바울은 예수님의 재림은 세상 사람들에게 도적같이 올 것이고, 모두가 다 빛의 아들인 성도들에게는 도적같이 오지 않을 것(살전 5:2-4)이니 오직 깨어 근신하기를 부탁합니다.

6) 수개월이 지나 디모데가 고린도에 돌아왔습니다.

첫째, 디모데가 가져온 소식은 그리 좋은 소식이 아니었습니다. 바울이 이전에 데살로니가에 보낸 서신에서, 세상의 멸망이 세상에 취해 있는 세상 사람들에게 주의 날이 도적같이 오지만 예수님을 믿고 깨어 있는 자들에게는 주의 날이 도적같이 오지 않을 것이라고 말했습니다.

둘째, 그런데 이것을 잘못 이해하여 주의 날이 도적같이 올 것이니 밤에 잠도 자지 않고 하늘만 쳐다보며 오늘 오시나 내일 오시나 기다리면서 초조해하고, 세상에서 해야 할 일에는 관심 두지 않고 예수님 오시는 일에만 집중하다가 교회가 큰 어려움을 겪게 되었습니다. 이처럼 데살로니가 성도들이 주님의 재림이 임박한 줄 알고 일도 하지 않고 돌아다니면서 문제를 일으키고 있다는 소식을 듣고, 바울은 예수님은 그렇게 조급하고 다급하게 오지 않으시니 안정되게 열심히 일에 전념하라고 권면하는 내용을 적어 보냅니다. 이것이 '데살로니가후서'입니다.

7) 데살로니가후서 내용을 정리하겠습니다.

첫째, 바울은 예수님께서 오시는 것은 당연하지만 예수님께서 오시기 전에 먼저 일어나는 일, 예를 들어 교회들이 배교하는 일, 적그리스도가(요일 2:18) 성전에 앉아 군림하는 일 등이 있을 것이라고 합니다; "세상에 있는 교회들이 배도할 것이다. 적 그리스도가 성전에 앉아 군림하며 그는 자신을 하나님이라고 할 것이다"(살후 2:3-4). 예수님도 복음이 전 세계에 전파되어야 끝이 온다고 하셨습니다; "이 천국 복음이 모든 민족에게 증언되기 위하여 온 세상에 전파되리니 그제야 끝이 오리라"(마 24:14).

둘째, 바울은 '규모 없이 행하지 말라'(살후 3:6)고 권면합니다. 개역

개정에는 '게으르게 행하는' 것으로 표현한 '규모가 없다'는 말은 '아무런 계획성이 없고 생활의 원칙과 질서도 없고 수입과 소비의 계획도 없는 것', 곧 '삶 자체에 아무런 계획이 없다'는 뜻입니다. 즉, 죄를 크게 짓지 않는다 할지라도 남에게 아무런 유익을 주지 못하고 오히려 누를 끼치고 신세를 지는 사람을 '규모 없는 사람'이라고 합니다. 이런 사람은 자기 인생을 잘 꾸려 가지 못하고 옆 사람에게 부담이 되고 짐이 됩니다.

당시 데살로니가 교회에 이런 사람들이 있었는데, 오늘날도 일하지 않고 기도, 금식 또는 철야만 하는 사람들이 있습니다. 교회 생활 하면서 생업을 등한시하는 것은 참으로 잘못된 것입니다. 기도하고 예배드리고 철야하는 것만 거룩한 것이 아닙니다. 농사짓는 일, 빨래하는 일, 상점이나 회사 같은 사업장에서 하는 일 등을 세상의 일, 육신적인 일이라고 생각하면 안 됩니다. 농사 짓는 사람이 주님을 위해 땅을 일구고 가꾸는 것은 거룩하고 아름다운 일입니다. 우리가 온 세상에 나가서 생명 있는 모든 것을 아끼고 가꾸고 땀 흘린다면 하나님께서는 정말 기뻐하실 것입니다.

8) 갈리오가 아가야 지방의 총독이었을 때 어떤 일이 있었습니까?

첫째, 갈리오가 주후 50년 초에 고린도를 비롯해 아가야 지역의 총독으로 있던 때,[43] 바울이 전하는 복음을 못마땅히 생각하던 유대인들은 바울을 고린도 시 중앙에 있던 베마라는 재판 자리로 끌고 가서 '율법을 어겼다'고 대적했습니다(행 18:13).

둘째, 갈리오 총독은 그들의 고소가 로마 법과 아무 관계가 없는

---

43) 갈리오는 51년 5월 1일부터 52년 5월 1일까지 아가야 총독으로 일했습니다[Jerome (2006), *바울 이야기*, 132].

것을 알고 관여하지 않았습니다(행 18:15-16). 이때 화가 난 유대인들은 회당장 소스데네를 재판 자리로 잡아다가 구타하였습니다.

9) 바울은 1년 반 동안 고린도에 머물다가 떠났습니다.

첫째, 바울이 밤에 기도할 때 환상 가운데 고린도 시에 주의 백성이 많다는 주님의 말씀을 듣고 오래 머물렀습니다; "…이 성중에 내 백성이 많음이라…"(행 18:9-10).

둘째, 갈리오 총독은 건강이 좋지 않아 얼마 안 되어 총독직을 사임하였습니다. 이때를 틈타 유대인들이 바울을 없애려고 계획을 세웠고 이에 바울은 고린도를 떠났습니다(행 18:18).

9. 겐그레아에서의 바울

"바울은 더 여러 날 머물다가 형제들과 작별하고 배 타고 수리아로 떠나갈새 브리스길라와 아굴라도 함께 하더라 바울이 일찍이 서원이 있었으므로 겐그레아에서 머리를 깎았더라"(행 18:18).

바울은 1년 6개월 동안(행 18:11) 심혈을 기울여 전도했던 고린도를 떠났습니다. 이때 함께 일하며 제자로 양육된 아굴라와 브리스길라 부부도 바울과 동행합니다. 바울 일행은 배를 타기 위해 고린도에서 동쪽 약 10km 지점 사로닉 만(Saronic Gulf)에 있는 항구 겐그레아로 갔고, 바울은 서원한 것이 있어서 겐그레아에서 머리를 깎았습니다.

바울이 겐그레아에서 머리를 깎은 이유에 관해 구약의 나실인에서 그 기원을 찾을 수 있습니다.

첫째, 나실인은 '하나님께 헌신하는 삶을 살기 위하여 스스로를 세상과 구별한 자'를 가리키는데, 민수기 6장 1-21절에 나오는 모세

겐그레아 항구
북쪽에 아프로디테 신전과 마을 흔적이 보인다.

의 율법에 의하면 하나님께 헌신하기로 서원한 사람은 남녀를 불문하고 나실인이 될 수 있었습니다.

둘째, 나실인의 종류는 평생 나실인과 일정 기간 동안만 서원하는 나실인이 있었습니다. 특별히 일정 기간 동안만 서원하는 나실인은 그 기간이 종료되었을 때 하나님께 제사를 드리며, 그동안 길렀던 머리카락을 잘라 하나님 앞에 불태워 바치도록 규정되어 있었습니다(민 6:18-20).

셋째, 바울은 일정 기간 동안만 서원하는 나실인으로서 이러한 규례를 따라 나실인으로 서원했던 기간을 마치고 머리를 깎았습니다. 즉, 고린도에서 있었던 자신의 사역을 위해 특별한 서원을 하고 나실인의 규례를 지켜 머리를 길렀다가 서원 기간이 지나자 머리를 깎은 것입니다.

바울은 모든 것을 정리하고 아굴라와 브리스길라 부부와 함께 겐그레아 항구에서 배를 타고 에베소로 향했습니다.

10. 에베소에서의 바울

"에베소에 와서 그들을 거기 머물게 하고 자기는 회당에 들어가서 유대인들과 변론하니 여러 사람이 더 오래 있기를 청하되 허락하지 아니하고 작별하여 이르되 만일 하나님의 뜻이면 너희에게 돌아오리라 하고 배를 타고 에베소를 떠나" (행 18:19-21).

바울의 첫 번째 에베소 방문입니다. 2차 선교 여행의 초기에 에베소를 방문하고 싶었으나 성령이 허락하지 않았기에 마케도니아로 갔습니다. 그리고 이제 잠시라도 에베소를 방문할 기회가 주어졌습니다.

바울은 곧 회당에서 여러 날 유대인들과 변론하면서 복음을 전했습니다. 여러 사람이 더 있기를 요청하였는데, 바울은 "만일 하나님의 뜻이면 너희에게 다시 오리라"(행 18:21) 하고 항구에서 배를 타고 예루살렘을 거쳐 안디옥으로 갔습니다. 이때 아굴라와 브리스길라 부부는 에베소에 남았습니다.

제5장
바울의 3차 선교 여행

1. 에베소를 다시 찾은 바울

1) 에베소의 상황을 살펴보겠습니다.

첫째, 바울은 안디옥에서 얼마 있다가 떠나 갈라디아 지방을 방문하여 제자들의 믿음을 굳게 하였습니다. 그리고 에베소로 갔고, 아굴라 부부가 마중 나와서 숙소를 준비해 주었습니다. 이때 아볼로는 고린도에 있었는데, 바울은 아굴라 부부를 통해 얼마 전까지 에베소에 있었던 아볼로에 대해서도 알게 되었습니다. 아볼로는 알렉산드리아 출신 유대인으로 헬라의 수사학과 유대 랍비 학문을 배웠고 세례 요한으로부터 주님의 도를 배워 열심으로 예수님에 대해 가르치는 훌륭한 일꾼이었습니다.

둘째, 바울이 예루살렘을 거쳐 안디옥에 갔을 때, 아볼로는 에베소에 들어가 회당에서 복음을 전했습니다. 다만 그는 세례 요한이 알고 있던 그 정도까지만 알고 있어서 아굴라 부부가 따로 불러 하나님의 도를 더 자세히 풀어 주었습니다. 그 후에 아볼로는 아가야 지방의 수도였던 고린도에 가기를 원해서 아굴라 부부가 편지를 써서 아볼로 편으로 고린도에 보냈습니다(행 18:27). 이때 에베소에 바울이 온 것입니다.

셋째, 바울은 지난번에는 에베소를 잠시 방문했지만 이번에는 본격적으로 에베소에서 사역을 시작하였습니다. 에베소는 여신 아데미(아르테미스 또는 다이애너로 불리는 달의 여신)와 쓰스(제우스 또는 주피터)에게서 떨어진 형상을 숭배하는 우상 숭배 도시였고(행 19:35, 톰슨 대역 한영성경), 동서양의 상품이 거래되는 국제 무역 항구 도시였습니다.

2) 바울과 열두 명의 성도가 모였습니다.

첫째, 에베소에 아굴라 부부를 중심으로 12명의 성도가 모임을 하고 있었습니다(행 19:7). 바울이 그들에게 "너희가 믿을 때에 성령을 받았느냐"(행 19:2)라고 물었더니, 성령이 무엇인지 또 성령이 있음도 듣지를 못했다고 하였습니다. 이에 예수님에 대해 가르쳤더니 십자가에서 죽으시고 부활하신 예수님께서 하나님의 아들이심과 그리스도이심을 깨닫고 주 예수의 이름으로 세례를 받았습니다. 이때 성령이 임하여 그들은 방언도 하고 예언도 하는 영적인 체험을 하였습니다.

둘째, 주후 53년쯤 에베소에 들어온 바울은 회당에서 3개월 그리고 두란노 서원에서 2년 하여, 약 3년간 있으면서 날마다 제자들을 양육하며 복음을 전했는데(행 19:8-10), 주의 말씀이 힘이 있어 흥왕하여 세력을 얻었습니다. 바울은 3년 동안의 에베소 사역을 마무리할 시점에 마케도니아와 아가야 그리고 예루살렘을 거쳐 로마까지 갈 계획을 세웠습니다; "이 일이 있은 후에 바울이 마게도냐와 아가야를 거쳐 예루살렘에 가기로 작정하여 이르되 내가 거기 갔다가 후에 로마도 보아야 하리라 하고"(행 19:21).

셋째, 두란노 서원(The Lecture Hall of Tyrannus)44)에 대해서는 확실하지는 않지만, 두란노라는 이름의 부호가 순회 강연자들에게 제공한 강연 장소, 혹은 두란노라는 저명한 철학자 내지는 수사학자가 철학을 강론한 강의장이 아닐까 추측합니다.

약 3년 동안 바울이 에베소에 있을 때 여러 문제가 있었습니다. 유대인들과 아데미 여신을 섬기는 자들의 핍박이 있었고, 갈라디아 교회와 고린도 교회에도 많은 문제가 생겼습니다.

바울 동굴, 에베소
바울이 핍박을 피해 머물렀던 동굴로 비잔틴 시대 때 예배 처소로 사용되었던 것으로 알려져 있다.

---

44) Wilson, Mark (2010). *Biblical Turkey*, 219.

3) 유대인들의 핍박이 있었습니다.

바울이 처음 에베소에 와서는 회당에서 말씀을 나누었습니다. 그런데 3개월 정도 지나고는 회당에서 말씀을 나눌 수 없었습니다. 유대인들이 바울이 전하는 복음에 반기를 들었기 때문이었습니다. 에베소 사회에서 유대인들의 영향이 크지는 않았지만 바울의 사역에 어려움을 주기에는 충분했을 것으로 생각합니다.

4) 바울이 에베소에 있는 동안 갈라디아 교회에 문제가 생겼습니다.

첫째, 바울이 에베소에 있을 때 '이방인 성도들도 율법과 할례를 지켜야 한다'라고 주장하는 유대인 성도들(할례당)이 예루살렘에서부터 갈라디아 교회에 들어와 성도들의 마음을 흔들고 혼란 속으로 빠지게 했다는 소식을 들었습니다.

둘째, 유대인 성도들은 바울을 트집잡았습니다. 먼저는 '바울은 예수님을 직접 따라다니지 않았기에 예수님의 제자가 아니다. 따라서 사도도 아니다. 또한 예수님의 제자들인 사도들로부터 교육도 받은 적이 없다. 그뿐만 아니라 사도들의 지도와 감독을 무시하고 독단적으로 선교를 하였기에 문제가 있다'라고 했습니다. 또 '바울은 예루살렘 교회에서 전하지 않는 다른 복음을 전한다. 즉, 할례와 율법을 지키지 않아도 좋다고 하였기에 문제가 있다'라고 하였습니다.

예루살렘에서 온 유대인 성도들은 이런 내용들을 트집 잡아 바울을 비난하였습니다. 이런 상황에서 갈라디아 교회 성도들도 이들의 주장에 동조하였고 할례를 받는 성도들도 생겼습니다. 즉, 갈라디아 교회는 '주를 믿는 믿음과 성령께 순종함'을 떠나서 율법적, 도덕적 그리고 종교적인 의를 추구하는 교회가 되었다는 말입니다.

이에 바울은 자신의 사도권을 부정하고 율법을 통한 구원을 주장하는 유대인 성도들의 그릇된 주장을 갈라디아 교회에서 제거하기 위해 그리고 '주를 믿는 믿음과 성령께 순종함'을 떠나 율법을 지켜 살려고 하는 갈라디아 교회의 성도들에게 바른 믿음을 알려 주기 위해 편지를 써서 보내는데, 이 편지가 갈라디아 서신입니다.[45]

셋째, 바울이 쓴 갈라디아 서신을 보겠습니다.

(1) 바울은 하나님이 자기를 사도로 부르시고 가르치셨고, 주후 48년 예루살렘 회의에서 거짓 교사들에 의해 왜곡된 진리를 바로잡기 위하여 '믿음으로 의에 이른다'는 복음의 진리를 개인적인 체험에 접목시켜 격한 어조로 변론하였습니다(갈 1:11-24).

(2) 바울은 예루살렘의 지도자들과 베드로에 의해서 '이방인의 사도'로 인정을 받았다고 했습니다(갈 2:8-9). 베드로가 이방인과 음식을 먹다가 야고보의 사신들이 도착했다는 소식을 듣고 할례자들을 두려워하여 그곳을 떠났고 바나바조차도 유혹되었던 적이 있었는데, 그때 자신이 베드로에게 가르침을 주었다(갈 2:11-14)고 설명하였습니다.

(3) 바울은 '믿음으로 의롭게 된다'는 복음의 핵심을 아브라함의 경우를 인용하여 '누가 아브라함의 자손인가?'를 논리적인 변증으로 규명하고 있습니다; "그런즉 믿음으로 말미암은 자들은 아브라함의 자손인 줄 알지어다"(갈 3:7). "너희가 그리스도의 것이면 곧 아브라함의 자손이요 약속대로 유업을 이을 자니라"(갈 3:29).

(4) 그리고 사라와 하갈을 비유하면서 '누가 우리의 어머니인가?'를 설명합니다; "형제들아 너희는 이삭과 같이 약속의 자녀라"(갈 4:28). "그런즉 형제들아 우리는 여종의 자녀가 아니요 자유 있는 여자의 자녀니라"(갈 4:31).

(5) 율법주의와 은혜는 서로 상반됩니다. 율법에 대한 강조는 분

---

45) 조광호 (2006), *바울*, 107-111.

명 잘못된 것입니다(갈 5:1-12). 그리고 지나친 자유만을 주장하는 율법 폐기론자의 방종도 올바르지 못합니다(갈 5:13-6:10). 율법과 죄에서 벗어난 성도는 자신에게 부여된 자유를 통해 하나님 앞으로 나아가기를 힘쓰며 성령의 열매를 맺기 위한 노력으로 승화시켜야 한다고 강하게 주장합니다; "오직 성령의 열매는 사랑과 희락과 화평과 오래 참음과 자비와 양선과 충성과 온유와 절제니 이 같은 것을 금지할 법이 없느니라"(갈 5:22-23).

5) 바울은 갈라디아 성도들의 문제와 함께 고린도 교회의 문제도 알게 되었습니다.

첫째, 바울은 고린도전서 이전에 편지를 한 통 썼습니다. 다만 잃어버렸기에 '잃어버린 편지'라 합니다.

(1) 잃어버린 편지에 어떠한 내용이 담겨 있는지는 잘 모르지만 고린도전서에서 흔적을 찾을 수 있습니다; "내가 너희에게 쓴 것에 음행하는 자들을 사귀지 말라 하였거니와"(고전 5:9).

(2) 잃어버린 편지는 음행의 문제를 다루고 있습니다.

'잃어버린 편지'에서 바울이 언급한 '음행하는 자들을 사귀지 말라'(고전 5:9)를, '음행하는 자들과 도무지 사귀지 말라, 즉 아예 그들과 분리해서 살라'는 말로 오해하면서 고린도 성도들 사이에 분란이 일어났습니다. 바울은 고린도전서 5장 10절에서 "도무지 사귀지 말라 하는 것이 아니니"라고 하면서, '음행을 하는 사람들과 영향을 받을 수 있는 교제권을 만들지 말라는 뜻이었다'(11절)라고 합니다. 그런데 이 편지를 받고 문제가 해결된 것이 아니었습니다. 바울은 사람들과 편지들을 통해서 고린도 교회의 문제가 속출하고 있다는 것을 알게 되었습니다.

둘째, 고린도 교회에는 어떤 문제가 나타났을까요?

⑴ 그리스인들은 철학적인 대화와 논쟁을 즐겼습니다. 그리고 같은 생각을 하는 사람들끼리 모여 그것을 발전시켜 나갔습니다. 자연스럽게 철학의 부류가 만들어졌고, 이렇게 '철학의 한 부류에 속하는 것'을 지극히 자랑으로 여겼습니다. 이들 중 일부가 예수님을 영접하고 기독교인이 되었습니다. 이들은 복음에 대한 철학적인 대화와 논쟁을 통하여 아볼로 파, 바울 파, 게바 파 그리고 예수 파 등으로 자신들을 구분하였습니다(고전 1:10-17, 3:1-4:21).

이렇게 고린도 성도들은 비록 성령 충만함을 받았지만, 인간의 생각, 의지 및 감각으로 구성된 혼적인 행동을 하면서 유아기적 그리스도인, 즉 육신적 그리스도인으로 머물러 있었습니다; "형제들아 내가 신령한 자들을 대함과 같이 너희에게 말할 수 없어서 육신에 속한 자 곧 그리스도 안에서 어린 아이들을 대함과 같이 하노라"(고전 3:1). "너희는 아직도 육신에 속한 자로다 너희 가운데 시기와 분쟁이 있으니 어찌 육신에 속하여 사람을 따라 행함이 아니리요"(고전 3:3).

⑵ 음란과 음행은 기독교의 관점으로 볼 때 가장 타락한 성적인 범죄입니다. 그러나 그리스인들에게는 공공연하게 자행되던 일종의 문화였습니다. 고대 바빌로니아 신전에서 시작된 이러한 음란과 음행이 고대 그리스의 한 문화로 자리를 잡은 것입니다. 특히 아프로디테 여신을 섬기는 사제들의 대부분은 여자였고, 이들이 신전에서 신성한 매춘 행위를 하였습니다. 그리스인들은 신전에서의 매춘을 성스럽게 바라보면서 개방적이고 문란한 성생활을 하였습니다.

이런 성문화에 빠진 사람들 중에 예수를 믿은 사람들이 있었는데, 그들 중 자식이 아버지의 아내를 취하는 '근친상간 죄'가 발생하였습니다(고전 5:1). 그런데 성도들은 이 문제를 대수롭지 않게 생각하고 있었기에 바울은 그를 교회에서 내쫓으라고 성도들에게 충고

하였습니다; "밖에 있는 사람들은 하나님이 심판하시려니와 이 악한 사람은 너희 중에서 내쫓으라"(고전 5:13).

(3) 각 마을마다 송사를 위한 베마가 세워져 있었습니다. 그리스인들은 일상생활에서 나타날 수 있는 사소한 일까지 '법률상의 판결을 법원에 요구하는 습관'이 있었기 때문입니다. 교회 성도들 간에도 논쟁이 있어 송사를 하는 경우가 있었는데, 이때 세상에 송사를 요청하였습니다. 이에 바울은 성도들 간의 소송 문제를 세상 법정에 고소하는 일에 대하여 옳지 않다고 가르칩니다; "너희 중에 누가 다른 이와 더불어 다툼이 있는데 구태여 불의한 자들 앞에서 고발하고 성도 앞에서 하지 아니하느냐"(고전 6:1).

(4) 결혼과 관계된 논쟁이 있었습니다(고전 7:1-40). 부부 사이 성생활 문제, 이혼 문제, 결혼을 해야 하는가에 대한 문제, 과부가 재혼해도 되는가에 대한 문제 등입니다. 바울은 절제할 수 없거든 결혼하고(고전 7:9), 결혼을 했다면 남편은 부인에게, 부인은 남편에게 의무를 다하라고 합니다(고전 7:3). 이혼에 대해서는 가능하면 이혼하지 말고 화합을 추구하라고 합니다(고전 7:10-16). 그뿐만 아니라 바울은 임박한 환난과 연관해서, 결혼한 자는 배우자를 기쁘게 하려고 노력해야 하므로 가능하면 결혼하지 말고 혼자 살라고 합니다(고전 7:25-35). 바울이 이렇게 독신이 좋다고 하는 이유는 여러 문제들로 인하여 하나님을 온전히 섬기지 못하게 되기 때문입니다. 바울은 결론적으로 결혼하든 혼자 살든 하나님을 섬기는 일에 전념하라고 말합니다(고전 7:24).

(5) 그리스 어느 곳을 가든지 신전에서 우상 숭배가 이루어지고 있었고, 우상에게 바쳐진 짐승들이 시장에서 거래되었습니다. 그러다 보니 '우상에게 바쳐진 고기를 먹는 문제'가 성도들 안에서 논쟁 거리가 되었습니다(고전 8:1-13). 예나 지금이나 이와 같이 믿음의

실천적인 문제로 서로 싸우고 논쟁을 벌이고 있습니다. 그래서 바울은 자기의 유익보다는 남의 유익을 먼저 생각하라고 합니다; "모든 것이 가하나 모든 것이 유익한 것은 아니요 모든 것이 가하나 모든 것이 덕을 세우는 것은 아니니 누구든지 자기의 유익을 구하지 말고 남의 유익을 구하라"(고전 10:23-24).

바울은 어떤 사람이 식사를 마련하고 초대를 하면 양심을 위하여 묻지 말고 먹으라고 합니다(행 10:25). 왜냐하면 손님을 대접하고자 하는 자는 시장에서 파는 음식을 손님을 접대하기 위하여 사온 것이지 우상에게 제물을 바치고자 하는 것이 아니기 때문입니다. 그렇기에 식사에 청함을 받은 자는 양심을 위하여 묻지 말고 감사함으로 먹으면 됩니다. 그러나 만약 어떤 사람이 그 음식이 우상의 제물로 드려진 것이라고 알려 준다면 그 알게 한 자와 그의 양심을 위하여 먹지 말라고 합니다(행 10:28).

(6) 바울의 사도권에 대한 논쟁이 있었습니다(고전 9:1-27). 갈라디아의 성도들도 바울의 사도권에 대한 논쟁에 빠진 적이 있었는데, 그때 바울은 그리스도께서 직접 자기를 '이방인의 사도'로 선택하셨고(갈 1:1), 주후 48년 예루살렘 회의에서 예루살렘 교회의 지도자들과 베드로도 바울의 이방인을 위한 사도임을 인정하였다고 합니다(갈 2:9). 바울은 자신의 사도 됨을 주 안에서 인친 것이 고린도 교회의 성도들이라고 주장합니다. 즉, 바울의 사역으로 인해 고린도 성도들이 이전에 섬기던 우상을 버리고 그리스도인이 되었다는 사실이 바울의 사도 됨을 증거해 주는 확실한 표라는 것입니다; "다른 사람들에게는 내가 사도가 아닐지라도 너희에게는 사도이니 나의 사도 됨을 주 안에서 인친 것이 너희라"(고전 9:2).

(7) 여인의 머리에 수건을 쓰는 문제가 있었습니다(고전 11:1-16). 원래는 주전 2000년대, 메소포타미아의 신전에서 일하는 여사제를 일

반 여자들과 구별하기 위해 왕의 명령으로 머리에 수건을 쓰기 시작했고, 남자들은 여자가 수건을 안 쓰면 처녀로 생각하여 음흉한 생각을 하였기에 이후 결혼한 여자들도 머리에 수건을 썼습니다. 나중에는 여자의 머리에 수건이 없으면 모욕할 수 있는 무시의 대상으로 취급하였습니다. 이러한 문화가 그리스인들에게 전해졌고 머리의 수건은 여자의 명예와 존엄성을 상징하게 되었습니다.[46]

그런데 고린도 교회의 예배에서 성령의 강한 임재가 나타나자 성도들은 성령에 도취되어 방언과 예언을 하였고, 특별히 여성도들의 적극적인 예배 참여에 머리가 흩어지고 옷도 벗겨지면서 무질서하고 혼잡한 예배 모습이 연출되었습니다.[47] 그래서 무질서한 공중예배를 바로잡기 위한 방법 중 하나로써 바울은 여자들의 머리에 수건을 쓰라고 하였습니다; "너희는 스스로 판단하라 여자가 머리를 가리지 않고 하나님께 기도하는 것이 마땅하냐"(고전 11:13).

(8) 성만찬의 문제가 있었습니다(고전 11:17-34). 초대교회는 성찬과 애찬을 나눔으로써 성도의 교제를 가졌습니다. 성도들은 각각 음식과 음료를 가지고 와서 서로 나누어 먹었습니다. 그런데 부자들은 많은 음식을 가지고 와서 자기들끼리 먹고 마시면서 배부르고 취한 모습을 보이고, 가난한 자들과 노예들은 배고픔으로 부끄러움을 당하였습니다. 성찬에서도 가난한 자들과 노예들이 배고픔으로 인하여 빵과 포도주를 많이 먹는 상황이 벌어지면서 성찬의 의미가 왜곡되고 말았습니다.

그래서 바울은 성만찬의 본래의 의미를 상실한 채 계층별로 교제를 나눔으로써 편당을 짓는 것을(고전 11:19-21) 책망하고, 성만찬의

---

46) Lerner, Gerda (1986), *Signs*, 239.
47) Goodspeed, Edgar J. (1993), 바울, 144-145.

의미(고전 11:23-25)와 자세(고전 11:27-29)를 설명하면서 "서로 기다리라"(고전 11:33)고 결론적인 교훈을 주고 있습니다; "이는 먹을 때에 각각 자기의 만찬을 먼저 갖다 먹으므로 어떤 사람은 시장하고 어떤 사람은 취함이라"(고전 11:21). "그러므로 누구든지 주의 떡이나 잔을 합당하지 않게 먹고 마시는 자는 주의 몸과 피에 대하여 죄를 짓는 것이니라"(고전 11:27). "그런즉 내 형제들아 먹으러 모일 때에 서로 기다리라"(고전 11:33).

(9) 영적 은사 문제도 있었습니다(고전 12:1-14:40). 성령 충만을 받은 성도들 중에 육신적이고 몸과 육신의 감각을 따르는 유아기적 여인들이 많았습니다(고전 3:1, 3). 이들이 좀 유난을 떤 듯합니다. 초대교회 당시는 유대뿐 아니라 그리스에서도 여인들의 사회적 지위가 상당히 낮았습니다. 교육을 받지 못하고 남자들의 소유물처럼 취급되었지만 그들의 생활력은 아주 강했습니다. 그래서 결혼할 때 여자가 지참금을 주고 남자를 데려오기도 했습니다. 이렇게 생활력과 활동력이 강한 여자들이 예수님을 영접하면서 남자들과 동등한 자리에 앉아 말씀을 듣고, 성령의 은사에 따라 각종 행사와 활동에 참여하였습니다. 더욱이 받은 은사를 여기저기 다니면서 자랑하였습니다.

교회 안에서의 여자들의 이러한 급격한 활동은 엄격한 가부장제에 익숙하던 남자들로부터 비난을 사거나 심지어 교회 내 질서를 혼잡하게 하는 결과를 초래하였습니다. 그래서 바울은 고린도 교회에 있던 여성들의 교회 활동에 대해서, 특별히 공적 예배를 중심으로 일단의 제동을 걸었습니다; "…모든 성도가 교회에서 함과 같이 여자는 교회에서 잠잠하라 그들에게는 말하는 것을 허락함이 없나니 율법에 이른 것같이 오직 복종할 것이요"(고전 14:33-34). "그런즉 내 형제들아 예언하기를 사모하며 방언 말하기를 금하지 말라 모든 것을 품위 있게 하고 질서 있게 하라"(고전 14:39-40).

(10) 부활의 문제가 있었습니다(고전 15:1-58). 그리스인들은 소크라테스와 플라톤의 영향을 받아 몸의 부활을 인정하지 않았습니다. 그리스인들은 '영은 선하고 육은 악하다'라고 믿었고, '사람이 죽으면 선한 영이 악한 몸에서 해방되어 영원히 산다'라고 죽음을 미화하며 '육체가 없는 영혼 불멸설'을 주장하였습니다. 이러한 철학적 사상이 고린도 교회의 성도들에게 혼란을 야기시켜 급기야는 그리스도의 부활을 인정하지 않는 지경에 이르렀습니다. 바울은 그리스도의 부활을 인정하지 않으면 믿음이 헛되다고 합니다. 기독교 신앙의 핵심은 '그리스도의 죽으심과 부활'이기 때문입니다; "그리스도께서 죽은 자 가운데서 다시 살아나셨다 전파되었거늘 너희 중에서 어떤 사람들은 어찌하여 죽은 자 가운데서 부활이 없다 하느냐"(고전 15:12). "죽은 자의 부활도 그와 같으니 썩을 것으로 심고 썩지 아니할 것으로 다시 살아나며 욕된 것으로 심고 영광스러운 것으로 다시 살아나며 약한 것으로 심고 강한 것으로 다시 살아나며 육의 몸으로 심고 신령한 몸으로 다시 살아나나니 육의 몸이 있은즉 또 영의 몸도 있느니라"(고전 15:42-44).

(11) 구제 헌금 문제가 있었습니다(고전 16:1-4). 바울은 글라우디오 때에 흉년이 들어서 구제 헌금을 예루살렘에 가져간 적이 있고(행 11:28), 이후 예루살렘 공의회에서 예루살렘 성도들의 어려움을 계속해서 기억해 달라는 부탁을 받았습니다(갈 2:10). 그래서 바울은 갈라디아 성도들에게 예루살렘 성도들을 돕기 위해 헌금하도록 부탁했고, 고린도 교회에도 같은 요청을 했습니다. 그런데 고린도 교회는 바울의 구제 헌금 부탁을 오해하여 지침을 따르지 않았습니다. 이에 바울은 갈라디아 성도들에게 요청했던 대로 고린도 교회 성도들에게도 요청하고 있습니다(고전 16:1). 특별히 매주 첫날에 각 성도들이

수입을 얻은 대로 저축해서 자신이 고린도에 갔을 때에 따로 헌금하지 않도록 하라고 당부합니다(고전 16:2).

셋째, 바울은 이런 문제들의 해결을 위해 고린도전서를 씁니다.

(1) 바울은 사람들을 통해서 문제를 알게 되었습니다(고전 1:10-6:20).

글로에 사람들이 그를 방문했습니다(고전 1:11). 스데바나, 브드나도, 아가이고로 구성된 고린도 교회 사절단의 방문이 있었습니다(고전 16:17). 또 잠시 고린도에 머물렀던 아볼로를 통해서 알게 되었습니다. 이들을 통해 바울은 고린도의 네 가지 문제를 알게 되었습니다. 바로 분쟁(고전 1:10-17, 3:1-4:21), 근친상간(고전 5:1-13), 교회 내의 소송(고전 6:1-11), 음행(고전 6:12-20)입니다.

(2) 바울은 편지를 통해서도 고린도의 문제를 알게 되었습니다(고전 7:1-16:12). 그래서 그는 편지를 통해 답을 알려 주었습니다. 결혼과 관련된 질문에 대한 답(고전 7:1-40), 우상에 드렸던 제사 음식 문제에 대한 답(고전 8:1-13), 바울의 사도직 문제에 대한 답(고전 9:1-27), 예배에 관련된 문제에 대한 답(고전 10:1-11:34), 영적인 은사에 대한 답(고전 12:1-14:40), 부활에 관한 답(고전 15:1-58), 구제 헌금에 대한 답(고전 16:1-4)을 써서 고린도 교회에 보내고, 예루살렘 성도들을 위한 헌금을 모으기 위해 디모데를 아가야와 마케도니아 지방에 보냅니다.[48]

바울은 이렇게 조리 있게 답해 주면 고린도 교회의 문제가 끝날 것이라고 생각했습니다. 그런데 현실은 그렇지 않았습니다. 문제가 더 악화되었습니다. 전에는 바울의 얘기를 듣지 않는 정도로 바울을 괴롭혔는데 이제는 바울에 대한 인신 공격까지 첨가하였습니다.

---

48) 권오현 (1997), *바울의 생애(2)*, 52.

6) 고린도 교회 성도들은 왜 바울을 비난했을까요?

첫째, 바울이 여행 계획을 자주 바꾼다고 비난했습니다(고후 1:15, 2:4). 바울의 첫 번째 계획(고후 1:16)은 에베소-고린도-마케도니아-고린도-예루살렘이었는데, 변경된 두 번째 계획(고전 16:2-8)은 에베소-마케도니아-고린도-예루살렘이었습니다. 복음을 대적하는 유대주의자들 때문에 고린도 교회의 상황이 악화되었기 때문에 두 번의 방문 계획 모두 실행되지 못했습니다. 결국 바울의 실제 여정(행 19:21-20:2)은 에베소-고린도-에베소-드로아-마케도니아 순으로 이루어졌습니다.

고린도 교회 성도들은 바울이 여행 계획을 변경하는 것이 꼭 육체를 따라 사는 사람과 같다고 하면서(고후 1:17), 그리스도가 바울을 통해서 말하지 않는다고 비난했습니다(고후 13:3). 그러나 바울은 계획을 변경한 이유가 '고린도의 성도들을 아끼려 함'이라고 하였습니다(고후 1:23-24).

둘째, 바울이 어느 누구의 추천서도 없이 자기 자신을 추천한다고 비난했습니다(고후 3:1, 4:2, 5:12, 6:4). 그러나 바울은 고린도 성도들이 자신의 추천서요 편지라고 했습니다(고후 3:2).

셋째, 바울의 행동이 이해할 수 없고 정신적으로 불안정하며 미쳤다고 비난했습니다(고후 5:13, 6:3-10). 그러나 바울은 미쳤어도 하나님을 위한 것이라고 했습니다(고후 5:13).

넷째, 바울이 교인을 속이고 기만했다고 비난했습니다(고후 7:2, 12:16). 그러나 바울은 마음으로 자신을 영접하라고 하면서, 아무에게도 불의를 행하지 않고 해롭게 하지도 않았으며 아무에게도 속여 빼앗은 일이 없다고 합니다(고후 7:2).

다섯째, 바울이 고린도에 있을때는 사례비도 안 받더니 멀리 떠나서는 예루살렘의 가난한 사람들을 구제하기 위해 모금된 헌금을 떼

어먹은 위선자요 정직하지 못한 인물이라고 비난했습니다(고후 8:20-21, 12:16-18). 그러나 바울은 주 앞에서만 아니라 사람 앞에서 선한 일에 조심하려고 동행하는 자들이 있으니 이 일에 대한 증인이라고 합니다(고후 8:16-20).

여섯째, 바울의 외모에 대해 흠을 보았습니다(고후 10:7). 바울과 테클라 행전에 의하면, 바울은 키가 작았으며 대머리요 거의 일자 눈썹이고 매부리코에다가 안짱다리였다고 합니다. 그러나 바울은 외모보다 그리스도에게 속한 것이 더욱 중요하다고 합니다(고후 10:7).

일곱째, 바울의 편지에는 권위가 있고 힘이 있는데, 바울을 직접 만나 보면 약해 보일 뿐 아니라 말도 시원치 않다고 하면서 흠을 보았습니다(고후 10:10). 그러나 바울은 떨어져 있을 때나 함께 있을 때나 언제나 온유하고 관대한 면에서(고후 10:1) 일관성을 유지하고 있으며, 편지로 쓴 말에 대해서는 만났을 때에도 그대로 실행할 것이라고 합니다(고후 10:11).

여덟째, 바울을 어리석은 자라고 비난했습니다(고후 11:1). 바울이 전에는 자랑이 어리석은 짓이라고 이야기했는데, 지금은 고린도 성도들이 거짓 교사들의 유혹을 받아 그리스도를 향한 충성심과 순결함을 잃고 타락할까 염려하였습니다. 그래서 바울은 고린도 성도들이 순결한 신부로서 그리스도께 나아가게 하기 위해 자신이 노력한 것을 자랑하지 않을 수 없었다고 합니다(고후 11:2-3).

아홉째, 바울의 웅변과 설교 수준이 어느 정도였는지 잘 모르지만 말에는 부족하다며 바울을 비난했습니다(고후 11:6). 그러나 바울은 모든 복음을 고린도 성도들에게 나타내었다고 합니다(고후 11:6).

열째, 바울은 고린도 교회의 재정적 보조를 받지 않았는데 고린도 성도들은 바울이 사도가 아니므로 요청하지 못했다고 비난했습니다(고후 11:7-12, 12:13). 그러나 바울은 고린도 교회의 성도들에게 폐를 끼치지 않기 위하여 스스로 조심하고 또 조심하였다고 합니다(고후 11:9).

열한째, 바울을 그리스도의 일꾼이 아니라고 비난했습니다(고후 11:23). 그러나 바울은 자신이 그리스도의 일꾼으로서 얼마나 수고했는지 열거하고 있습니다(고후 11:23-27).

열두째, 바울이 걸린 질병을 두고 비난했습니다(고후 12:1-7). 하나님이 쓰시는 사람이라면 어떻게 병에 걸릴 수 있는지, 병에 걸렸다면 어떻게 자기 병도 고치지 못하는지 비난했습니다. 이에 관해 바울은 자신도 병이 낫고 싶어서 세 번이나 주께 기도했으나 주님께서 "내 은혜가 네게 족하도다 이는 내 능력이 약한 데서 온전하여짐이라"라고 말씀하셨다고 합니다(고후 12:8-9). 다시 말해, 자신이 지극히 큰 계시를 보았기에 교만해질 수도 있었는데, 자신을 겸손하게 하기 위해 하나님께서 질병을 주신 것이라고 고백합니다(고후 12:7).

열셋째, 바울을 예루살렘 교회로부터 특별한 직분 같은 것을 받지 않았음에도 자칭 직분자로, 사역자로 또는 사도로 자신을 소개한다며 비난했고(고후 12:11-13), 또 바울을 열두 사도보다 부족하고 열등하다고 비난했습니다(고후 11:5, 12:11). 그러나 바울은 자신이 사도이고 열두 사도보다 부족한 것이 없음은 고린도 성도들 안에서 모든 참음과 표적과 기사와 능력을 행한 것으로 알 수 있다고 합니다(고후 12:12-13).

7) 바울은 문제 해결을 위해 편지를 썼습니다.

바울은 문제들을 해결하기 위해 여러 통의 편지를 쓰는데 이것을 합쳐서 고린도후서라고 합니다.

첫째, 바울은 고린도 교회 성도들의 비방에 대해 이른바 '변명의 편지'(고후 2:14-6:13, 7:2-4)를 써서 자신의 사도 됨을 강하게 변증하였습니다. 그래도 여전히 마음이 불편하여, 생각하다 못해 두 번째로 고린도 교회를 방문하였습니다(고후 13:1). 그런데 고린도 성도들 중 어떤 사람(고후 2:5, 7)이 면전에서 바울을 모욕했고 대부분의 성도들은 침묵으로 동조했습니다. 결국 바울은 아무 성과 없이 에베소로 돌아옵니다.

둘째, 에베소에 돌아온 바울은 안타까운 마음으로 일명 '눈물의 편지'(고후 10:1-13:13)를 써서 디도로 하여금 고린도 교회 성도들에게 전달하게 하였습니다.

셋째, 바울은 디도를 통해서 전달된 서신에 고린도 성도들이 어떤 반응을 할지 궁금해하면서 마케도니아로 갔습니다. 그곳에서 디도를 만나 고린도 성도들이 바울의 진심을 받아들였다는 소식을 듣고 기뻐하며 '위로의 편지'(고후 1:1-2:13, 7:5-16, 8:1-24)와, 고린도 성도들과의 분쟁 때문에 중단되었던 예루살렘 교회를 위해 '헌금을 재촉하는 편지'(고후 9:1-15)를 씁니다.[49]

디도와 두 형제가 마케도니아에서 쓴 이 서신을 고린도 성도들에게 가져갔습니다(고후 8:17-18, 22).

8) 에베소에서 소동이 일어났습니다.

아데미 여신을 섬기는 사람들이 바울을 핍박하고 소동을 일으켰습니다(행 19:23-41). 바울이 디도를 통해 전달한 편지에 대한 고린도 교회 성도들의 반응과 결과를 손꼽아 기다리고 있을 때, 은세공업자인 데메드리오가 에베소의 시장에서 소동을 일으켰습니다.

첫째, 에베소는 아데미 여신을 섬기는 도시로 알려져 있습니다. 그래서 에베소에는 아데미 신전의 모형과 신상을 만드는 은장색, 즉

---

49) 권오현 (1997), *바울의 생애(1)*, 143.

에베소의 시장 터
은세공업자인 데메드리오가 시장에서 소동을 일으켰다.

은세공업자들의 동업 조합이 있었고, 이들은 이 일을 통해 엄청난 부를 축적하였습니다. 그런데 바울이 에베소에 나타나서 우상과 미신에 빠진 사람들을 깨우치고 있었습니다. 이것을 알게 된 은장색 데메드리오가 시장에서 소동을 일으키며 직공들과 상인들을 충동질하였습니다.

(1) 바울이 '손으로 만든 것들은 신이 아니다'라고 했습니다(행 19:26).

(2) 아데미 신전의 모형과 신상을 만드는 은세공업이 가치를 잃어 천하게 될 위험이 있고(행 19:27), 여신 아데미의 전통적인 위엄이 떨어지고 멸시를 받게 되었다며 선동했습니다(행 19:27).

둘째, 흥분한 백성들은 "크다 에베소 사람의 아데미여!"(행 19:28)라는 구호를 외치며, 바울과 같이 다니던 가이오와 아리스다고를 잡아 극장으로 끌고 갔습니다. 유대인들은 그리스도인들과 다르다는 것을 변명하기 위해 무리 앞에 알렉산더를 보냈고, 알렉산더가 변명하려 할 때 무리는 큰 소리를 외치면서 저지하였습니다. 이 일은 2시간 동안이나 계속되었습니다. 유대교의 입장을 변론하지 못한 것은 에베소 사회에서 유대교가 얼마나 무력한 위치에 있었는가를 단적으로 보여 줍니다.

셋째, 군중들의 대부분은 자신들이 왜 모였는지 무엇 때문에 떠들고 있는지도 모르고 불법 모임에 참여하였습니다. 마침 서기장이 '누구를 고소할 것이 있으면 정식으로 민회에 고소장을 제출하고 극장에서 모임을 하라!'고 군중들을 설득했고, 이 말에 불법 모임은 끝이 났습니다. 시장에서 시작된 소동은 이렇게 극장에서 끝났습니다. 참고로 에베소 시민들이 시장에서 소동이 일어났을 때 극장으로 몰려간 이유는 시민들이 모임을 갖는 민회의 장소가 극장이었기 때문입니다. 그 당시 민회는 한 달에 세 번 열렸습니다.

넷째, 바울은 에베소를 중심으로 선교를 할 때 혼자가 아닌 동역자들과 함께하였습니다.

바울은 아굴라와 브리스길라 부부를 중심으로 성도 열두 명(행 19:7)과 함께 십자가에서 죽으시고 부활하신 예수가 하나님의 아들이심과 그리스도이심을 전파하였습니다.

(1) 먼저 회당을 찾아가 유대인과 경건한 이방인들에게 복음을 전하였고, 복음에 관심을 갖는 사람들이 늘어나면서 이들을 집중적으로 가르칠 수 있는 제자 양육을 준비하였습니다. 그러다 유대인들의 핍박이 일어나면서 회당을 떠나 두란노 서원으로 장소를 옮겨 본격적으로 제자 양육을 하였습니다.

(2) 처음에는 아굴라 부부의 집을 모임 공동체의 장소로 활용했지만 나중에는 제자 양육을 받은 사람들도 자신의 집을 개방하여 모

임 장소로 제공하였습니다. 초창기 성도들의 모임은 가정에서 소규모로 열렸습니다.

다섯째, 바울은 에베소를 중심으로 아시아, 아가야와 마케도니아까지 영향을 끼쳤습니다.

예를 들어, 에베소 시장에서 데메드리오가 소동을 일으켰을 때 데메드리오는 '바울이 에베소뿐만 아니라 거의 아시아 전부를 통하여 전도한다'(행 19:26)라고 주장했습니다. 또한 바울은 에베소의 장로들을 밀레도로 초청하여 고별 설교를 할 때도, '에베소뿐만 아니라 아시아에 돌아온 첫날부터'(행 20:18)라고 하면서 아시아 전 지역을 다니면서 복음을 전했다고 간접적으로 설명하였습니다.

9) 바울은 동역자들과 함께 교회를 세웠습니다.

여러 어려움 가운데서도 바울은 제자 양육을 통해 배출된 동역자들과 함께 교회를 세워 나갔습니다.

(1) 빌립보 교회: 자주 장사 루디아, 에바브로디도, 순두게와 유오디아, 클레멘트
(2) 데살로니가 교회: 야손
(3) 아테네 교회: 아레오바고 관원 디오누시오, 다마리라 하는 여자
(4) 고린도 교회: 스데바나, 아가이고, 브드나도, 글로에, 더디오, 에라스도
(5) 골로새 교회: 빌레몬, 오네시모
(6) 히에라볼리 그리고 라오디게아 교회: 골로새 출신인 에바브라
(7) 더베 교회: 가이오

그 외 아시아 사람인 두기고, 드로비모 등과 함께 사역을 하였습니다.

이처럼 바울은 에베소를 중심으로 사방을 다니면서 제자 양육과

함께 복음을 전하였고, 제자들과 함께 에베소를 포함 아시아, 마케도니아, 아가야 등 전 지역에 교회를 세워 나갔습니다.

바울에게서 복음을 듣고 훈련 받은 제자들이 열심히 복음을 전파하였고, 어려운 문제가 생기면 바울의 신학적 입장에서 이를 재해석하여 교회를 지켜 나갔습니다. 여기서 중요한 것은, 바울은 양육된 제자들을 제쳐 놓고 직접 모든 일들을 다 하거나 이들을 돈으로 고용하여 일을 하지 않았다는 것입니다. 그는 양육된 제자들의 달란트를 개발하여 이들로 일하게 하는, 다시 말하면 팀 사역(협력 사역)을 하였습니다.

2. 마케도니아에서의 바울

1) 바울은 고린도로 보낸 디도를 기다립니다.

바울은 드로아에서 고린도로 보낸 디도를 기다릴 때, 드로아에서 전도할 기회의 문이 열렸으나 디도를 만나지 못하여 심령이 불편했습니다. 이후 그곳에서 복음을 전하지 못하고 오직 디도를 만나려는 목적으로 마케도니아로 건너갔습니다(고후 2:12-13).

앞에서 언급한 대로, 바울은 마케도니아에서 디도를 만나 고린도의 성도들이 바울의 진심을 받아들였다는 소식을 듣고 기뻐하며 '위로의 편지'(고후 1:1-2:13, 7:5-16, 8:1-24) 그리고 고린도 성도들과의 분쟁때문에 중단되었던, 예루살렘 교회를 위해 '헌금을 재촉하는 편지' (고후 9:1-15)를 썼습니다.[50] 이때 디도와 두 형제가 서신을 고린도 성도들에게 가져갔고(고후 8:17-18, 22), 바울은 마케도니아에 잠시 머물렀습니다(고후 9:5).

---

50) 권오현 (1997), *바울의 생애(1)*, 143.

2) 바울은 마케도니아에서 머무를 때 무엇을 했을까요?

첫째, 로마서 15장 19절을 보면 바울이 일루리곤까지 복음을 전했다고 합니다. 이 구절에 의하면 바울이 고린도에서 로마에 있는 성도들에게 편지를 쓰기 전에 일루리곤에 가서 복음을 전했다는 말이 됩니다.

둘째, 그렇다면 언제 일루리곤에 갈 수 있었을까요?

(1) 바울의 1차 선교 여행에서는 그리스 내륙이 포함되지 않으니 가능성이 없습니다.

(2) 바울이 2차 선교 여행 시 데살로니가와 베뢰아에서 소동이 일어나 긴급하게 사건이 진행이 되었기 때문에 일루리곤에 갈 만한 시간적인 여유가 없었으니 여기서도 가능성이 없습니다.

알바니아의 두러스(Durrës)에 있는 광장(일루리곤)
바울은 3차 선교 여행 때, 디도를 마케도니아에서 고린도로 보낸 후, 일루리곤 지역으로 이동하여 에그나시아 도로의 종착지인 항구 도시 두러스(Durrës)에서 복음을 전했다.

(3) 결국 3차 선교 여행의 끄트머리에 마케도니아에서 디도를 다시 고린도에 보낸 뒤 잠시 시간적으로 기회가 생겨서 일루리곤에 가서 복음을 전했다고 할 수 있습니다.

셋째, 일루리곤(Illyricum)은 라틴 이름으로, 아드리아해의 동쪽 연안에 있고, 북쪽은 파노니아(Panonia), 남쪽은 마케도니아에 접하는 로마의 속도 일루지아(Illyrja)를 가리키는 공식명이었습니다. 후에 분할되어 북부는 리부르니아(Liburnia), 남부는 달마디아(Dalmatia)라고 불렸고, '달마디아'가 공식명이 되었습니다. 지금은 알바니아로 추정됩니다.

3. 고린도에 3개월 머물렀던 바울

"…헬라에 이르러 거기 석 달 동안 있다가…"(행 20:2-3).

이 구절에 언급된 '헬라'는 '아가야' 지방을 말합니다. 즉, 아가야 지방의 고린도에서 머물던 디도와 함께 바울은 약 석 달을 머물렀습니다.

1) 바울은 고린도에서 약 3개월을 머물면서 무엇을 했을까요?

첫째, 바울은 고린도 교회 성도들과의 관계를 잘 정리했을 것입니다.

둘째, 바울은 예루살렘 교회로 가져갈 연보(구제헌금)를 고린도에서 정리했습니다; "이는 마게도냐와 아가야 사람들이 예루살렘 성도 중 가난한 자들을 위하여 기쁘게 얼마를 연보하였음이라"(롬 15:26).

셋째, 선교의 첫 장이 끝나게 되어 새로운 계획을 준비하였습니다.

⑴ 바울은 3년 동안의 에베소 사역을 마무리할 시점에 마케도니아와 아가야 그리고 예루살렘을 거쳐 로마까지 갈 계획을 세웠습니다; "바울이 마게도냐와 아가야를 거쳐 예루살렘에 가기로 작정하여 이르되 내가 거기 갔다가 후에 로마도 보아야 하리라"(행 19:21).

⑵ 바울은 일루리곤까지 두루 다니며 복음을 전했기에 더 이상 일할 곳이 없었습니다(롬 15:19, 23). 그래서 지난번 세웠던 계획처럼 로마를 거쳐 세계의 끝이라는 스페인(서바나)까지 가려고 구상한 것입니다; "이제는 이 지방에 일할 곳이 없고 또 여러 해 전부터 언제든지 서바나로 갈 때에 너희에게 가기를 바라고 있었으니"(롬 15:23).

넷째, 로마의 성도들에게 보낼 서신을 적었습니다. 바로 로마서입니다. 겐그레아 교회의 성도인 뵈뵈가 이 서신을 로마로 가져갔습니다(롬 16:1).

⑴ 로마에 가 본 적이 없었던 바울은, 나중에 로마에 가면 지금 그가 보내는 서신을 읽은 성도들과 효과적인 대화를 하기 위해서, 또한 만일 자신이 로마에 가지 못한다면 적어도 로마에 있는 성도들에게 복음을 전달한 것이 되기 때문에, 바울은 로마의 성도들에게 서신을 써서 보냈습니다.

⑵ 이때 가능하면 스페인(서바나) 선교를 위해 로마 교회의 성도들이 후원해 주기를 바라는 마음을 비추었습니다; "이는 지나가는 길에 너희를 보고 먼저 너희와 사귐으로 얼마간 기쁨을 가진 후에 너희가 그리로 보내 주기를 바람이라"(롬 15:24).

⑶ 바울은 스페인(서바나)에 가기 위해서만 로마에 가려는 것은 아니었습니다. 로마 성도들의 믿음을 견고하게 세우려는 목적도 있었습니다; "내가 너희 보기를 간절히 원하는 것은 어떤 신령한 은사를 너희에게 나누어 주어 너희를 견고하게 하려 함이니"(롬 1:11).

2) 바울은 로마서에서 '믿음으로 말미암아 의롭게 된다'는 복음을 설명합니다(롬 1:16-17).

첫째, 복음에는 하나님의 의가 있습니다. '하나님의 의는 예수 그리스도'이고, '예수 그리스도는 구원의 길'입니다. 그래서 우리가 예수님에게 붙어 있으면 구원을 얻을 수 있습니다. 우리가 예수님을 믿는다는 것은 예수님이 지금 내 안에 계신 것을 믿는 것입니다. 그러나 우리는 믿음을 율법적으로 가르치고 있습니다. "이것과 저것을 하면 구원받고 축복받습니다!"라는 율법적인 설교를 하면 안 됩니다. 우리가 할 것은 '하나님의 의'인 '예수 그리스도'를 완전히 신뢰하는 것이지, 자기의 의(자존심, 자기 생각, 자기 주장)를 의지하여 의롭게 되는 것은 아닙니다.

둘째, 유대인은 이방인과 달리 하나님으로부터 율법을 받아 살지만, 이것이 유대인들에게 전혀 도움이 되지는 못했다고 합니다. 즉, "율법의 행위로는 하나님 앞에서 의롭다고 인정받을 사람이 아무도 없고, 율법으로는 죄를 인식할 뿐입니다"(롬 3:20). 우리는 우리의 힘으로 뭔가 해낼 수 있을까요? 절대 해낼 수 없습니다. 오직 예수 그리스도만 할 수 있습니다.

셋째, 아브라함의 경우, '하나님을 믿어서' 의롭다 여김을 받았는데(롬 4:3), 그때가 '할례를 하기 전'입니다(롬 4:10-11). 아브라함이 의인이 된 것처럼 우리도 '하나님의 의'인 '예수 그리스도'를 믿어서 의롭다고 여김을 받고 의인이 되었습니다. 우리가 의롭다 함을 증명하기 위해 예수님이 부활하셨습니다(롬 4:25). 그러므로 이제 우리는 예수 그리스도로 말미암아 하나님으로 더불어 화평을 누리면 됩니다; "그러므로 우리가 믿음으로 의롭다 하심을 받았으니 우리 주 예수 그리스도로 말미암아 하나님과 화평을 누리자"(롬 5:1).

물론 핍박과 환난이 없을 수는 없습니다. 그러나 우리에게는 소망이 있습니다. '하나님과 함께 사는 것'을 의미하는 일반적인 소망도 있지만 보다 구체적으로 '부활의 소망'이 있습니다(행 28:20). 그래서 바울은 '죽은 자가 다시 사는 일이 없으면 하나님께서 그리스도를 다시 살리지 아니하셨을 것이며, 또한 그리스도께서 다시 살지 못하셨으면 우리 성도의 신앙도 헛되다'라고 가르쳤습니다(고전 15:13-14).

넷째, 바울이 깨달은 것은 '속사람은 하나님의 법을 즐거워하되, 지체 속에 있는 다른 법, 즉 죄가 있어 원하지 않는 것을 하게 한다'(롬 7:21-24)는 것입니다. 그러나 우리는 예수 그리스도 안에서 결코 정죄받지 않고 해방되었습니다; "그러므로 이제 그리스도 예수 안에 있는 자에게는 결코 정죄함이 없나니 이는 그리스도 예수 안에 있는 생명의 성령의 법이 죄와 사망의 법에서 너를 해방하였음이라"(롬 8:1-2).

다섯째, 죄와 사망의 법에서 해방된 자는 몸을 하나님이 기뻐하시는 산 제사로 드리고(롬 12:1), '마음과 감정'(혼)은 하나님 말씀으로 새롭게 되어야 합니다(롬 12:2). 즉, 하나님의 말씀으로 몸과 혼을 새롭게 변화시켜야 합니다. 하나님께서는 복종하는 몸과 변화된 마음을 원하십니다. 하나님의 말씀이 있으면 생각이 변합니다. 생각이 변하면 행동이 변합니다. 생각과 행동이 변하면 그 사람은 변화된 것입니다.

여섯째, 바울은 회심한 이후 로마서를 쓸 때까지 약 20~25년 동안 성도들끼리 교회들끼리 서로 물어뜯고 싸우는 모습을 보면서, 이 세상에 죄가 사망 안에서 왕 노릇 하고 하나님의 은혜가 의로 말미암아 왕 노릇 하는 두 개의 권세가 있다는 것을 깨닫습니다(롬 5:21).

(1) 사망은 우리를 죽게 만드는 사탄의 권세를 말하는데, 우리의 믿음에 굉장한 시련과 고통을 줍니다. '사망의 쏘는 것이 죄요 죄의 권능은 율법'(고전 15:56)이기에, 사탄은 율법을 들이대면서 우리가 죄

짓는 것을 부각시킵니다. 율법을 들이대니 어느 누구도 넘지 못하여 다들 힘들어 합니다.

그뿐만 아니라 사탄은 '너는 악인이 아니야! 너는 의인이야, 너는 훌륭하니 너의 힘으로 다 할 수 있어!'라고 유혹하면서 사람들이 하나님을 믿는 믿음에서 벗어나 자기의 의로 무장하게 합니다. 그래서 교회들마다 성도들마다 '내가 더 하나님의 뜻을 따르고 있다'라고 율법주의적(Legalistic) 주장과 주관주의적(Subjectivistic) 주장을 하면서 교회와 성도를 판단하고, 심판하고, 정죄하고 있습니다.

(2) 그러나 바울은 예수 그리스도가 우리를 죄로부터 이기게 하신다는 것을 깨달았습니다. 다시 말해, 사탄이 율법을 들이대면서 우리의 죄를 부각시키고 사람의 의로 무장시키지만, 결국 율법은 우리를 예수 그리스도에게로 인도하고(롬 10:4) 예수 그리스도는 성령으로 우리를 도우시기에 우리가 사탄을 이길 수 있다는 것입니다; "우리 주 예수 그리스도로 말미암아 우리에게 승리를 주시는 하나님께 감사하노니"(고전 15:57).

(3) 우리가 알아야 할 것은, 하나님께서는 예수 그리스도 안에서 우리를 결코 정죄하지 않으신다는 것입니다(롬 8:1). 하나님께서 정죄하지 않으시는데, 어떻게 우리가 감히 예수 그리스도 안에 있는 자들을 정죄할 수 있겠습니까?

(4) 결과적으로 바울은, 죄가 사망 안에서 왕 노릇 하는 사탄의 권세에서부터 벗어나 하나님의 은혜가 의로 말미암아 왕 노릇 하는 하나님의 권세 안으로 들어가기 위해서는 오직 예수 그리스도로 말미암아 이루어진다는 것을 고백하고 있습니다(롬 5:21).

3) 바울은 고린도에서 모든 일을 마치고 예루살렘으로 갈 준비를 합니다.

첫째, 바울은 유대인들이 공모하는 것을 들었습니다(행 20:3).

고린도에서 모든 것을 마친 바울 일행은 겐그레아 항구에서 배를 타고 예루살렘으로 가고자 하였습니다. 그러다가 유대인들이 자신을 죽이려고 공모했다는 소식을 듣고 북쪽의 마케도니아로 올라가 배를 타고 드로아로 넘어가기로 했습니다. 소바더, 아리스다고, 세군도, 가이오, 디모데, 두기고, 드로비모 등은 먼저 드로아로 건너가고(행 20:4), 바울은 무교절 후에 빌립보에서 출발하여 배를 탔는데 이때 누가와 몇 사람이 동행했습니다(행 20:6).

둘째, 왜 많은 사람들이 바울과 동행했을까요?

(1) 동참해 줌으로 바울이 힘을 얻어 나아갈 수 있었습니다.

(2) 원래 복음은 예루살렘에서부터 퍼져 나갔는데 시간이 지나면서 예루살렘 교회가 오히려 약해졌습니다. 그래서 복음을 받았던 교회들이 복음을 전해 주었던 예루살렘 교회를 도와주려고 헌금을 했습니다. 다시 말해 돈이 모인 것이 아니라 마음이 모인 것입니다. 헌금을 하는 동안 바울이 개척한 교회들이 하나가 되었습니다. 이제 이방인 교회와 유대인 교회가 하나가 되었음을 보이기 위해 많은 사람들이 바울과 동행한 것입니다.

4. 드로아에서의 바울의 7일 집회

"…우리는 무교절 후에 빌립보에서 배로 떠나 닷새 만에 드로아에 있는 그들에게 가서 이레를 머무니라 그 주간의 첫날에 우리가 떡을 떼려 하여 모였더니 바울이 이튿날 떠나고자 하여 그들에게 강론할새 말을 밤중까지 계속하매…"(행 20:6-12).

바울은 지난번 에베소에서 데메드리오가 소동을 일으킨 이후, 고린도 교회로 간 디도를 만나기 위해 마케도니아로 갈 때 드로아에서 전도의 문이 열렸지만 급히 작별을 하고 떠났습니다. 그러다 다시 드로아에 돌아온 바울은 지난번 일에 미안했는지 일주일 정도 머물면서 제자들과 함께 하나님의 말씀을 나누었습니다.

'안식 후 첫날 저녁' 곧 토요일 저녁 또는 주일 저녁에 시작되었고 일주일에 걸쳐 모임이 진행되었습니다. 먼저 강론을 한 뒤, 떡을 떼어 먹고, 긴 대화와 친교의 시간이 있었습니다. 이들은 밤을 새워 날이 밝도록 이야기를 계속하였습니다. 이때 말씀을 듣던 유두고라 하는 청년이 3층에서 떨어져 죽었다가 다시 살아나는 기적이 일어납니다.

앗소(아테나 신전, 항구로 가는 도로, 항구 1,2)
바울은 드로아에서 약 40km를 걸어 앗소에 도착하였고, 이후 항구에서 배를 타고 예루살렘으로 향한다.

바울은 드로아에서 약 40km를 걸어서 앗소에 이르렀고 항구에서 배를 타고 미둘레네 섬, 기오 섬, 사모 섬을 거쳐 밀레도에 도착하였습니다. 이때 오순절51) 안에 예루살렘에 이르기 위해 에베소를 그냥 지나갑니다(행 20:13-16).

5. 밀레도에서의 바울

"바울이 밀레도에서 사람을 에베소로 보내어 교회 장로들을 청하니"(행 20:17).

1) 바울 당시 밀레도는 활기 있는 항구 도시였습니다.

첫째, 바울은 오순절 안에 예루살렘에 이르려고 발걸음을 재촉했지만, 유대인의 간계와 시험 속에서도 눈물과 겸손함으로 가르치고 섬겼던 에베소를 잊지 못해 밀레도에서 사람을 보내 에베소 교회의 장로들을 청했습니다(행 20:17). 참고로 바울이 에베소로 가지 않고 밀레도에서 에베소 교회 장로들을 만난 이유로는 에베소 항구가 토사로 인해 폐쇄되었을 가능성이 있다고 말합니다.

둘째, 바울은 장로들에게 에베소 교회를 부탁합니다(행 20:29-31). 바울은 자기가 떠난 후에 흉악한 이리가 들어와 교회를 해칠까 염려스러우니 잘 관리하라고 부탁합니다. 이때 에베소 교회 장로들은 다시는 바울의 얼굴을 보지 못할 것이라는 말 때문에 슬퍼하며 함께 기도할 때 다 크게 울고 입을 맞추었습니다. 그들은 뜨거운 눈물로 석별의 정을 나누었습니다(행 20:37-38).

셋째, 바울의 마지막 설교의 대상은 에베소 교회의 장로들이었습니다. 사실 바울의 수많은 설교는 대부분 유대인들과 이방인들

---

51) 오순절은 유대력 3월 6일(5월 또는 6월)입니다.

밀레도의 회당 장소
바울은 3차 선교 여행을 마무리하고 예루살렘으로 배를 타고 갈 때, 밀레도의 항구 근처에 있던 회당에서 에베소의 장로들과 만남을 가졌다.

을 위한 것으로, 전도의 목적으로 유대인의 회당에서 행한 설교였습니다. 하지만 밀레도의 설교만은 다릅니다. 이 설교의 대상은 이방인들이 아니고 에베소 교회의 장로들이었습니다.

정확히 말해 고별 설교가 아닌 바울 자신의 간증입니다. 그가 어떻게 교회를 섬겨 왔으며, 얼마나 하나님을 사랑했고, 얼마나 꺼리지 않고 하나님의 뜻을 전하였는지 구약 에스겔서 3장 17-21절을 인용하면서 간증하였습니다. 즉, 하나님으로부터 소명(부르심)을 받은 바울은 맡겨진 사명(소명을 받은 자가 앞으로 해야 할 과업)을 감당하는 일에 최선을 다했기에 자기의 피가 깨끗하다고 합니다. 바울이 얼마나 최선을 다했길래 이렇게 말할 수 있었을까요. 바울은 고린도 성도들에게도 복음을 전하기 위해 정말 최선을 다했다고 증거합니다; "내가 수고를 넘치도록 하고 옥에 갇히기도 더 많이 하고 매도 수없이 맞고 여러 번 죽을 뻔하였으니…여러 번 자지 못하고 주리며 목마르고 여러 번 굶고 춥고 헐벗었노라"(고후 11:23-27).

넷째, 과연 나의 피도 깨끗할까요? 목회자는 직분적인 사도이고, 성도는 사명적인 사도이기에 우리 모두는 사도입니다. 사도가 복음을 전하지 않으면 '악인은 죄악 중에 죽을 것이고, 악인에게 복음을 전하지 않는 사도는 그의 피 값을 물 것이다'(겔 3:18)라는 에스겔서의 말씀을 생각하면서 나의 피는 얼마만큼 깨끗한가, 나에게 맡겨진 사명을 얼마만큼 최선을 다해 실천하고 있는가를 스스로에게 물어보아야 할 것입니다.

2) 바울 일행은 에베소 장로들과 작별을 하고 고스, 로도, 바다라, 두로 그리고 돌레마이에 이릅니다(행 21:1-7).

첫째, 그리스 전승에 의하면, 바울이 로도 섬을 떠나기 전 초대교회의 일곱 집사 중의 하나인 브로고로(Prochorus)를 감독으로 임명했다고 합니다. 또한 바나바(Barnaba)는 구브로를 위해, 디도(Titus)는 그레데를 위해 파송되었듯이 실라(Silas)도 바울과 함께 로도 섬에 가서, 바울이 린도스(Lindos)에서 모임 공동체를 조직하는 동안, 실라는 다른 제자들과 함께 여러 지역을 다니면서 중풍병자를 고치고 예수 그리스도의 이름을 전파한 뒤 바울이 있는 린도스로 돌아갔다고 합니다. 특별히 로도 섬 시내에서부터 남서쪽으로 약 24km 떨어진 소로니(Soroni) 마을 사람들이 예수님을 영접하였고 실라를 기념해서 실라 기념 교회를 세웠다고 합니다.[52]

둘째, 바울 일행은 계속해서 바다라를 거쳐 두로에 도착합니다. 두로에서 7일 동안 머물면서 제자들과 교제하는데, 성령의 감동으로

---

52) Meinardus, Otto F.A. (1972), *St. Paul in Greece*, 102.

바울더러 예루살렘에 들어가지 말라 합니다(행 21:4). 이후 바울은 두로를 떠나 돌레마이에 이르고 형제들과 하루를 머무릅니다(행 21:7).

6. 가이사랴에서의 바울

바울 일행은 돌레마이에서 육로를 통해 가이사랴에 도착하였습니다(행 21:8).

1) 바울은 전에도 가이사랴에 갔습니다.
예루살렘에서 고향 다소로 돌아갈 때(행 9:30), 2차 선교 여행을 마치고 예루살렘으로 올라갈 때(행 18:22) 그리고 3차 선교 여행을 마치고 예루살렘으로 올라갈 때 가이사랴를 지나갑니다(행 21:8).

2) 가이사랴에서 바울은 딸 넷이 있는 빌립 집사의 집에 머무릅니다(행 21:8).
첫째, 바울이 빌립의 집에 잠시 머물고 있을 때, 유대로부터 내려온 선지자 아가보(Agabus)가 바울의 띠를 가져다가 자기 수족을 잡아매고 이 띠의 임자가 예루살렘에서 이방인에게 넘겨질 것을 예언합니다(행 21:10-11).
둘째, 그러나 바울은 주 예수의 이름을 위하여 죽을 각오를 했다고 합니다(행 21:13). 그리고 바울은 가이사랴의 제자 몇과 함께 예루살렘으로 올라갑니다. 특히 구브로 사람 나손(Nason)을 데리고 가는데, 이는 나손의 집에서 머물기 위함입니다(행 21:16).

3) 성령의 감동을 받은 성도들은 바울이 예루살렘에서 어려움을 당할 것을 얘기합니다.

그렇다면 성령은 왜 바울이 예루살렘에서 어려움을 당할 것을 미리 알려 주셨을까요? 성령께서는 바울에게 고난을 피하라고 해주신 말씀이 아닙니다. 오히려 고난이 기다리고 있으니 단단히 준비하고 가라는 말씀입니다.

4) 왜 바울은 여러 성도들의 만류에도 불구하고 예루살렘을 향해 나아갔을까요?

첫째, 예루살렘에 가는 것이 복음 증거를 마치는 일이기 때문입니다. 바울은 이렇게 예루살렘에서 결박과 환난이 기다리고 있다는 것을 알고 있었음에도 불구하고 그곳에서 죽을 각오를 하고 나아갔습니다. 그가 예루살렘에 가는 것이 '하나님의 은혜의 복음 증언하는 일을 마치는 것'이라고 생각하였기 때문입니다; "내가 달려갈 길과 주 예수께 받은 사명 곧 하나님의 은혜의 복음을 증언하는 일을 마치려 함에는 나의 생명조차 조금도 귀한 것으로 여기지 아니하노라"(행 20:24).

둘째, 복음 증거하는 일을 마치는 장소는 예루살렘, 로마 그리고 스페인(서바나)까지를 말합니다. 바울은 예루살렘뿐만 아니라 로마 그리고 스페인까지 가서 복음을 전할 생각을 하고 있었습니다.

(1) 바울은 3년 동안 에베소에서 사역할 때 마케도니아와 아가야 그리고 예루살렘을 거쳐 로마까지 갈 계획을 세웠습니다; "이 일이 있은 후에 바울이 마게도냐와 아가야를 거쳐 예루살렘에 가기로 작정하여 이르되 내가 거기 갔다가 후에 로마도 보아야 하리라 하고"(행 19:21).

(2) 고린도에 있을 때도 가능하면 스페인까지 갈 생각을 하게 되었

습니다; "이제는 이 지방에 일할 곳이 없고 또 여러 해 전부터 언제든지 서바나로 갈 때에 너희에게 가기를 바라고 있었으니"(롬 15:23). 바울이 생각했던 자신의 마지막 선교지는 로마 제국의 수도였던 로마였고, 가능하다면 세계의 끝이라는 스페인까지 가서 복음 전하기를 소원하였습니다(롬 15:23-24).

셋째, 그런데 로마나 스페인에 가기 전에 바울은 먼저 예루살렘에 가야만 했습니다. 마케도니아와 아가야의 이방인 교회들이 예루살렘 교회의 가난한 성도들을 위해 연보하여 모금한 돈을 예루살렘 교회의 가난한 성도들에게 전달해야 하기 때문이었습니다; "그러나 이제는 내가 성도를 섬기는 일로 예루살렘에 가노니 이는 마게도냐와 아가야 사람들이 예루살렘 성도 중 가난한 자들을 위하여 기쁘게 얼마를 연보하였음이라"(롬 15:25-26).

(1) 바울은 이방인 성도들이 정성스럽게 연보하여 모금한 돈을 예루살렘 교회의 가난한 유대인 성도들에게 전달함으로 경제적인 도움을 주었습니다.

(2) 더욱 중요한 것은 '유대인 성도들과 모든 이방인 성도들은 예수 그리스도 안에서 하나'라는 사실을 확증하고 싶었던 것입니다. 그래서 바울은 결박과 환난이 기다려도 예루살렘으로 가고자 했던 것입니다; "너희는 유대인이나 헬라인이나 종이나 자유인이나 남자나 여자나 다 그리스도 예수 안에서 하나이니라"(갈 3:28). "이는 그로 말미암아 우리 둘(유대인과 이방인)이 한 성령 안에서 아버지께 나아감을 얻게 하려 하심이라"(엡 2:18).

제6장
예루살렘과 가이사랴에서의 바울

1. 예루살렘 교회의 환영과 조언

1) 예루살렘 교회가 바울을 환영했습니다.

바울은 예루살렘 교회의 성도들로부터 영접을 받고, 이튿날 야고보와 장로들이 모인 공식 자리에서 선교 보고를 합니다. 이때 연보(구제 헌금)를 전달했을 것입니다. 바울의 보고를 들은 성도들은 기뻐하며 하나님께 영광을 돌렸습니다(행 21:17-20).

2) 예루살렘 교회가 바울에게 제안합니다.

야고보와 장로들은 예루살렘의 상황을 설명합니다. 예수를 믿지 않는 수만 명의 유대인은, 바울이 이방에 있는 유대인들에게 모세를 배반(무시)하고 할례를 하지 말고 또한 규모(풍속)를 지키지 말라고 한다는 소문을 들었기에 바울에 대한 감정이 안 좋다는 것입니다(행 21:21). 그러면서 야고보와 장로들은 바울에게 율법을 어기는 사람이 아니라는 것을 온 천하에 밝혀 증명하자며 한 가지 방법을 제안합니다(행 21:23-24).

첫째, 야고보와 장로들의 제안은 당시 예루살렘 성도들 중 나실인 서원을 한 사람이 넷 있었는데 그들과 함께 결례를 행하고 그들을 위하여 비용을 내어 머리를 깎게 하면 좋을 듯하다는 것이었습니다. 헤롯 아그립바 1세도 유대인의 호감을 사고 자기의 경건을 나타내기 위해 종종 나실인의 경비를 충당한 사실이 있습니다. 바울은 이 제안을 받아들여 서원을 한 사람들과 함께 결례를 행합니다(행 21:26).

둘째, 사실 바울은 이 제안을 받아들이지 않을 수도 있었습니다.

(1) 바울은 마가라 하는 요한을 데리고 가는 문제로 바나바와 충돌이 있었고, 1차 선교 여행을 마치고 안디옥에 왔을 때 교회를 혼란시키던 유대주의자들과의 충돌로 예루살렘 교회에 자문을 구하러 가기까지 했습니다. 이처럼 바울은 완고하고 대쪽 같은 사람이었습니다.

(2) 그러나 바울의 신앙이 성숙해지면서 '더 이상 유대인이 아니고 이방인도 아니며, 오직 그리스도 안에서 새로운 피조물이 되었다'(고후 5:17)는 것을 깊이 깨달았습니다. 바울은 자기의 유익보다는 남의 유익을 먼저 생각하고 남을 배려하는 성숙한 마음으로 예루살렘 교회의 제안을 기꺼이 받아들였습니다; "모든 것이 가하나 모든 것이 유익한 것은 아니요 모든 것이 가하나 모든 것이 덕을 세우는 것은 아니니 누구든지 자기의 유익을 구하지 말고 남의 유익을 구하라"(고전 10:23-24).

가끔 교회가 없는 지역에 사는 가톨릭 성도나 정교회 성도들이 개신교회에 찾아와 향을 피우고 기도하고 싶다고 합니다. 그럴 때 우리는 어디까지 그들의 요구를 받아들여야 할까요? 선교학 교수님들의 말씀에 의하면, 향단을 세워서라도 가톨릭이나 정교회 성도들이 교회에 발걸음을 들이고 말씀을 듣게 된다면 선교적인 차원에서 큰 문제가 되지 않는다고 합니다. 그러나 더 나아가 마리아 상을 세우는 것은 올바르지 못하다고 했습니다.

2. 유대인들의 소동과 바울의 체포(행 21:27-36)

1) 소동이 일어났습니다.

결례 의식이 끝날 무렵 아시아로부터 온 유대인들이 성전에 있던 바울을 보고 소동을 일으켰습니다. 바울이 유대인, 율법 그리고 성전을 훼방하였으며, 헬라인을 데리고 성전에 들어가서 거룩한 곳을 더럽혔다는 것입니다(행 21:28). 유대인들은 헬라인 드로비모가 바울과 함께 성내에 있는 것을 보고 바울이 그를 성전에 데리고 들어간 줄로 착각하면서 더욱 흥분하여 소동을 일으켰습니다.

2) 군인들이 개입하였습니다.

흥분한 유대인들이 바울을 성전 밖으로 끌고 나가 죽이려 할 때, 성전의 북서쪽에 있는 안토니아 요새(Antonia Fortress)에서 오순절 예루살렘에 모여든 유대 백성들을 감시하던 병사가 소동을 포착하고는 상관에게 보고했습니다(행 21:31-32).

첫째, 천부장 글라우디오 루시아(Claudius Lysias, 행 23:26)가 백부장들을 거느리고 내려가서 죽을 위기에 있던 바울을 잡아 쇠사슬로 결박하여 요새로 데려가려고 하였습니다.

둘째, 이때 천부장 루시아는 잠시 바울을 이집트인 가짜 선지자로 생각했습니다. 주후 54년 광야에서 4,000명을 거느리고 감람산에 가서 자기의 명령하에 예루살렘의 로마 진영이 무너지면 온 무리가 입성하여 새 시대를 연다고 호언장담하다가 많은 희생을 내고(벨릭스 총독이 진압함) 광야로 도주한 이집트인이 다시 등장하자, 유대인들이 그에게 분풀이하는 것으로 생각하였습니다(행 21:38).

셋째, 바울은 자신을 변호하게 해줄 수 있는지를 헬라어로 물었고, 놀란 천부장은 바울에게 출신을 물었습니다. 바울은 담대하게 다소의 시민이라고 대답합니다; "나는 유대인이라 소읍이 아닌 길리기아 다소 시의 시민이니 청컨대 백성에게 말하기를 허락하라"(행 21:39).

3) 바울은 죽을 수도 있는 긴급한 상황에서 무엇을 생각하였을까요?

바울은 복음을 전할 기회를 찾고 있었습니다. 복음을 전할 기회가 쉽게 오지 않는다는 것을 알고 있었기 때문입니다.

첫째, 바울은 회당과 시장을 중심으로 여러 곳에서 복음을 전했습니다.

(1) 바울과 실라가 빌립보 밖 강가에 있었기 때문에 루디아를 만났고 그에게 복음을 전할 수 있었습니다(행 16:13). 빌립보 감옥에 있을 때 옥문이 열린 후 감옥의 간수가 자결하려는 순간에도 그 옆에 있었기에 신속하고 명료하게 복음을 전할 수 있었습니다(행 16:31). 그뿐만 아니라 간수와 가족도 함께 구원받을 수 있었습니다.

(2) 지금 바울은 예루살렘에서 소동이 일어 안토니아 요새로 들어가는 층계 위에서도 말씀을 전할 기회를 잡고 담대히 복음을 전합니다(행 22:1-21). 우리가 복음을 전하는 현장은 때를 얻든지 못 얻든지 현지인들이 있는 곳에서 형성됨을 알 수 있습니다; "너는 말씀을 전파하라 때를 얻든지 못 얻든지 항상 힘쓰라…"(딤후 4:2).

둘째, 복음이 전해지는 현장은 모든 성도들이 함께 협력하는 장소입니다.

⑴ 바울과 실라 그리고 디모데가 데살로니가에 있을 때 야손의 집을 중심으로 복음을 전했습니다. 그때 사건이 일어났으나 데살로니가의 성도들과 바울 일행의 협력 속에서 현장의 문제를 해결할 수 있었습니다(행 17:5-10).

⑵ 고린도 교회에서 문제가 일어났을 때에도 바울은 팀 사역자들과 함께 고린도 교회의 지도자와 성도들과의 지속적인 관계를 통해서 문제를 해결할 수 있었습니다.

⑶ 예루살렘에 연보를 가지고 왔을 때에도 예루살렘 교회의 지도자들과 협력하여 문제를 해결하려는 모습을 볼 수 있습니다(행 21:21-22).

바울은 복음을 전하기 위하여 항상 현장 속에 있었고, 현장에서

층계 위에서의 바울, 예루살렘
바울은 예루살렘 성전의 북서쪽에 있는 안토니아 요새의 입구에서 유대인들을 향하여 히브리 방언으로 자신을 변호한다.

문제가 생길 때마다 현지 지도자들 그리고 사역자들과 함께 공동으로 대처하였습니다. 이와 같이 복음의 현장을 지키며 사역자들과 함께 현장에서 발생한 문제들을 풀어 가는 선교가 바른 선교일 것입니다.

3. 층계 위에서의 바울의 변론(행 22:3-21)

바울은 천부장의 허락을 받아 안토니아 요새로 올라가는 층계 위에서 유대인들을 향하여 히브리 방언으로 말하기를 시작했습니다 (행 21:40).

1) 바울은 자신이 바리새인으로서 예수 믿는 사람들을 핍박하던 사람이었다고 이야기합니다(행 22:3-5).

첫째, 바울은 다소에서 태어나 유대교의 율법과 전통을 배웠고 특별히 바리새인 교육을 받으면서 하나님에 대하여 율법적인 접근을 시도하였습니다. 그래서 변화 전 그의 생각은 지극히 율법적이고 이론적이며 신학적이었습니다.

둘째, 율법적인 유대인, 종교적인 유대인 그리고 도덕적인 유대인을 최고의 가치로 생각하던 바울은, 유대인의 종교와 율법과 성전이 끝났고 예수가 주 되시고 그리스도 되신다고 하던 스데반을 죽이고 예수 믿는 사람들을 핍박하였었습니다.

2) 바울은 예수님께서 찾아와서 자신을 이방인의 사도로 임명하셨다고 이야기합니다(행 22:21).

첫째, 오직 율법 선생으로 살며 판단하던 바울이, 다메섹으로 가는 길에 예수님을 만나 은혜를 받고 믿음의 법으로 살게 되었습니다. 바울은 율법의 행위가 아니라 하나님의 은혜로 사는 법을 알게 되었습니다. 바울은 이제 '영광의 소망이신 그리스도'(골 1:27-28)를 전하라고 이방인의 사도로 보냄 받았음을 간증하였습니다.

둘째, 바울의 간증을 듣고 흥분한 유대인들을 피해 천부장 루시아는 고문을 하여 바울이 무슨 죄를 지었는지 자백을 받고자 하였습니다. 그러나 바울은 어떤 죄를 지었는지 확인도 안 하고 로마 시민을 채찍질할 수 없다고 항의하였고, 돈을 주고 로마 시민권을 샀던 천부장 루시아는 바울이 '나면서부터 로마 시민권자'라는 말을 하자 매우 당황했습니다(행 22:24-29).

(1) 바울은 사역을 위해 세상의 특권을 많이 사용하지 않았습니다. 꼭 필요할 때만 사용하였습니다. 왜냐하면 그는 세상 것들을 다 배설물로 여겼기 때문입니다(빌 3:8).

(2) 바울은 세상의 것을 기반으로 사역하지 않고 오직 하나님을 의지하며 사역하였습니다.

셋째, 이튿날 천부장 루시아는 무슨 일로 유대인들이 바울을 죽이려고 하였는지 알아보려고 제사장과 온 공회를 소집하였고 바울은 그 앞에 섰습니다(행 22:30).

4. 산헤드린(Sanhedrin) 공회 앞에 선 바울(행 23:1-10)

1) 산헤드린 공회의 분위기는 어땠을까요?

첫째, 바울은 먼저 "여러분 형제들아 오늘까지 나는 범사에 양심을 따라 하나님을 섬겼노라"라고 변론하자 난폭한 성격의 소유자였던 대제사장 아나니아는 곁에 있던 사람들에게 바울의 입을 치라고 합니다(행 23:1-2). 바울의 한마디 말에 아나니아가 시비를 따져 보지도 않고 즉각적으로 바울의 입을 치라고 명령하는 행위는 그가 얼마나 폭력적이고 잔인한지를 보여 줍니다.

둘째, 아나니아(Hananya)는 주후 47년부터 58년까지 대제사장으로 군림하였는데, 잔인하고 탐욕적이며 권모술수에 능한 자로 알려져 있습니다. 또한 친로마 정책을 펼치면서 유대인 국수주의자들로부터 많은 미움을 받았습니다.

2) 바울은 자신이 공회에서 심문을 받게 된 이유를 무엇이라고 말합니까?

바울은 공회 앞에서 심문받게 된 근본 원인은 '죽은 자의 부활을 믿는 소망' 때문이라고 했습니다(행 23:6).

첫째, 이 말을 들은 바리새인과 사두개인 사이에 다툼이 생겼습니다. 부활, 천사, 영이 없다고 주장하는 사두개인과 부활, 천사, 영이 있다고 하는 바리새인 사이에서 논쟁이 벌어진 것입니다. 결국 율법을 어겼다고 체포된 바울에게서 율법을 어긴 죄를 찾지 못하여 무죄 판결을 내렸습니다(행 23:9).

둘째, 천부장 루시아는 유대인들이 바울을 죽일지도 모른다고 생각하여 바울을 다시 요새에 감금합니다. 그런데 그날 밤 주께서 바울에게 로마로 갈 것을 말씀해 주셨습니다(행 23:11).

3) 바울은 언제부터 로마에 가서 복음을 전해야겠다는 생각을 했을까요?

첫째, 바울이 선교를 시작하면서 언제부터 로마까지 가서 복음을 전해야겠다는 생각을 가졌는지는 모릅니다.

⑴ 그러나 그는 고린도에서 로마서를 쓸 때 "여러 해 전부터"라고 언급하였습니다; "이제는 이 지방에 일할 곳이 없고 또 여러 해 전부터 언제든지 서바나로 갈 때에 너희에게 가기를 바라고 있었으니"(롬

15:23).

(2) 아마도 3차 선교 여행 중에 에베소를 중심으로 아시아, 마케도니아 그리고 아가야까지 복음을 전할 때, 처음으로 로마까지 복음을 전해야겠다고 생각하였을 것입니다; "이 일이 있은 후에 바울이 마게도냐와 아가야를 거쳐 예루살렘에 가기로 작정하여 이르되 내가 거기 갔다가 후에 로마도 보아야 하리라 하고"(행 19:21).

둘째, 하나님께서 공회 앞에서 심문을 받고 있는 바울에게 "로마로 가서 복음을 전할 것이다"(행 23:11)라고 말씀하고 계십니다. 바울의 로마 방문은 바울 개인의 생각이 아니라 하나님의 계획임을 알려 주는 것입니다.

가이사랴로 호송되는 바울
주님은 바울을 보호하시려고 보병 200명, 기병 70명 그리고 창병 200명을 준비시키셨다.

제6장 예루살렘과 가이사랴에서의 바울 165

셋째, 천부장 루시아는 유대인들이 바울을 죽이려고 덤벼드는 이유를 발견하지 못하고 망설이고 있을 때, 그들이 바울을 암살하려 음모를 꾸민다는 정보를 들었습니다(행 23:16). 바울을 죽이기 전에는 먹지도 아니하고 마시지도 아니하겠다는 자가 40여 명이나 있었습니다(행 23:12-13).

4) 바울을 암살하려는 음모를 들은 천부장은 바울을 어떻게 보호했습니까?

사탄이 하나님의 사람 하나를 죽이기 위해 단식하는 40여 명의 사람을 준비했습니다. 그러나 하나님께서도 가만히 계시지는 않습니다.

첫째, 천부장은 바울을 보호하기 위해 총독이 살고 있는 가이사랴로 데려가기로 합니다. 가이사랴는 원래 이방인의 도시여서 유대인들이 함부로 난동을 부릴 수 없는 곳이며, 총독의 소재지로서 치안이 잘 되어 있었습니다.

둘째, 천부장은 한 사람을 보호하기 위해 엄청난 호위를 준비합니다. 보병 200명, 기병 70명 그리고 창병 200명을 준비시켰습니다(행 23:23). 무슨 뜻인가요?

(1) 바울은 반드시 로마에 가서 복음을 전해야 한다는 뜻입니다.

(2) 복음이 가는 길을 어느 누구도 방해할 수 없다는 것을 보여줍니다.

결국 바울은 유대의 총독 벨릭스(Antonius Felix, A.D. 52~58)가 살고 있는 가이사랴로 이송되었고(행 23:33), 벨릭스 총독은 바울을 헤롯궁에 감금하였습니다(행 23:35).

가이사랴 감옥, 이스라엘
바울은 유대의 총독 벨릭스가 살고 있던 가이사랴로 이송되어 헤롯 궁에 감금되었다.

5. 총독 벨릭스 앞에 선 바울(행 24장)

　바울은 예루살렘에 도착한(행 21:17) 다음 날 야고보와 만났고(행 21:18), 제3일에 결례를 시작하고(행 21:26), 7일간 결례를 지키는 도중에 붙잡혔으며(행 21:27), 8일째 되는 날 공회에 출두하였고(행 22:30-23:10), 제9~10일에는 가이사랴로 이송되었습니다(행 23:35).

　성전에서 붙잡히고 닷새 후(행 24:1), 다시 말해서 예루살렘에 도착하고 13일째 되는 날, 예루살렘에서 대제사장 아나니아가 장로들 그리고 유대교의 법과 로마법에 대해 해박한 지식을 갖추고 뛰어난 언변을 구사하던 변사 더둘로(Tertullus)와 함께 가이사랴에 내려와 벨릭스 총독 앞에서 바울을 고소합니다.

제6장 예루살렘과 가이사랴에서의 바울　167

1) 유대인들이 고소한 내용은 무엇입니까?

첫째, 바울에 대해 천하에 퍼진 유대인들을 소요하게 하는 전염병이라고 했습니다(행 24:5). 즉 바울이 로마 제국에 대항하여 정치적 선동을 도모했다는 것입니다.

둘째, 바울은 나사렛 이단의 괴수라고 했습니다(행 24:5). 당시 팔레스타인에서는 사람들을 속여 미혹시키고 세상을 어지럽히는 거짓 그리스도들이 출현하여 로마 관리들의 속을 썩인 일이 종종 있었는데, 바울이 그런 이단의 괴수라고 강조하는 것입니다.

셋째, 바울은 성전을 더럽게 하다가 잡혔다고 했습니다(행 24:6).

2) 바울은 어떻게 대처를 했을까요?

첫 번째 고소와 관련해서, 만약 바울이 사회 질서를 파괴하고 로마 정부를 정복하려는 전염병으로 판정 난다면 전체 교회에 큰 영향을 끼칠 것입니다. 기독교가 사회를 교란하거나 정부를 전복하려는 전염병으로 낙인 찍히면 복음의 문이 막히고 맙니다. 그래서 바울은 예루살렘을 방문한 것이 그런 목적이 아니라고 논리적으로 대응합니다.

(1) 순전히 종교상의 이유에서였지 다른 음모를 꾸미기 위함이 아니었다고 말합니다.

(2) 더둘로의 고소는 조작이며, 그것을 뒷받침해 줄 증거가 없다고 하였습니다(행 24:11-13).

두 번째 고소에 대해서는 '나는 이단이 아니라 유대인들이 성경으로 믿는 모든 율법과 선지자들의 글에 기록된 내용과 똑같은 도를 외쳤다'라고 변론했습니다. 즉 구약성경의 예언이 예수 그리스도에게서 성취되어(롬 1:2) 예수의 부활 때문에 우리도 부활하게 되며 하나님 앞에서 심판받게 된다고 외쳤을 뿐이라고 주장하였습니다

(행 24:14-15, 21).

세 번째 고소에 대해서는, 자신은 오순절을 맞이하여 예배를 드리고 결례를 행하였을 뿐이며, 예루살렘에 온 지 열이틀밖에 되지 않았고(행 24:11), 그동안 모임도 없었고 소동도 없이 성전에 있었으며(행 24:12, 18), 그마저도 그중 5일간은 죄수로 갇혀 있었다고 합니다. 이토록 짧은 기간 동안 반란을 조장하였을 가능성은 희박하다는 말입니다. 만약에 성전에서 소동이 일어났으면 그 증거를 대고 증인도 이 자리에 나와야 하는데 증인이 없다며(행 24:13, 19), 이 일은 단지 아시아에서 온 유대인이 바울을 향해 이유 없는 난동을 부린 것이라고 주장했습니다.

3) 벨릭스 총독은 어떻게 반응했습니까?

첫째, 판결을 이후로 미루었습니다.

바울의 도에 대해 어느 정도의 지식을 가지고 있던 벨릭스 총독은 나중에 천부장 루시아를 불러 판결할 것이라고 하면서 결론 내리기를 미루었습니다. 수일 후에 벨릭스 총독은 아내인 유대인 드루실라(Drusilla)와 함께 바울을 통해 예수 그리스도의 도를 듣고자 하였습니다(행 24:22-24).

둘째, 벨릭스(Antonius Felix, A.D. 52~58)는 어떤 사람이었을까요?[53]

(1) 벨릭스 총독은 원래 노예였으나 네로 황제의 총애를 받던 그의 형 팔라(Pallas)로 인하여 자유인이 되었고, 로마 역사상 노예의 신분을 가졌던 자로는 처음으로 총독에까지 올랐으며 유대 민족을 무자비하게 통치하였습니다. 드루실라는 벨릭스의 세 번째 부인으로 헤롯 아그립바 1세의 딸이고, 아그립바 2세의 누이며, 버니게(행

---

53) 이복순 (2001), *사도 바울의 생애와 사역*, 210.

25:13)와는 자매 사이였습니다. 드루실라는 높은 지위와 성공을 위해 이혼하고 벨릭스와 재혼할 만큼 권력에 대해 욕심이 많았습니다. 벨릭스와 드루실라는 권력과 부의 정상에 있으면서 자신들의 지식, 지혜, 재물, 외모, 건강을 욕심대로 썼습니다.

(2) 바울은 이렇게 세상에 빠져 있던 이들에게 담대히 '의와 절제와 장차 오는 심판에 대해서' 강론하였습니다(행 24:25). 이들은 두려움과 함께 양심의 찔림을 받았지만, 진리의 말씀을 받아들이지 않고 나중으로 미루어 버렸습니다.

(3) 바울의 체포와 고소가 종교 문제라는 것을 잘 알고 있던 벨릭스 총독은 유대인들의 환심을 사려고(행 24:27) 바울을 2년 동안 가이사랴에 구류하였습니다(A.D. 57~59). 동시에 돈을 받을 수 있을까 하고 바울을 종종 불러 같이 이야기하였습니다(행 24:26-27).

(4) 벨릭스 총독과 부인 드루실라는 탐욕을 부리며 현세적 쾌락만을 추구하였습니다. 벨릭스 총독의 학정에 신물이 난 유대인들이 그의 부정과 부패를 네로 황제에게 고소하였고, 결국 벨릭스는 폼페이로 추방되어 그곳에서 머물다가 주후 79년 베수비오(Vesuvius) 산의 폭발로 흘러내린 용암 때문에 생을 마감하였습니다.

6. 총독 베스도와 바울(행 25장)

베스도(Porcius Festus, A.D. 59~62)는 벨릭스 총독의 후임으로 부임하자마자 3일 만에 유대교의 중심지였던 예루살렘에 올라가 8~10일간 머무르면서 유대인 지도자들을 만나고 현안 문제를 협의하였습니다. 이때 바울의 고소 사건을 들었습니다.

베스도 역시 빌라도나 벨릭스 총독처럼 유대인들의 눈치를 보는 데만 민감하여 유대인들의 마음을 얻기 위해 바울에게 예루살렘에서 심문받을 것을 요청하였습니다(행 25:9). 그러나 바울은 베스도의 요청을 거부하고 가이사에게 호소합니다. 왜냐하면 로마 시민으로서 가이사(황제)의 재판대 앞에선 이상 끝까지 가이사의 재판을 받아야 하는 것이지, 로마 시민에 대한 재판권이 없는 유대인들의 산헤드린 법정에 설 이유가 없었기 때문입니다; "내가 가이사의 재판 자리 앞에 섰으니 마땅히 거기서 심문을 받을 것이라 당신도 잘 아시는 바와 같이 내가 유대인들에게 불의를 행한 일이 없나이다"(행 25:10).

결국 베스도는 바울의 호소를 받아들였습니다; "네가 가이사에게 상소하였으니 가이사에게 갈 것이라"(행 25:12).

1) 바울이 가이사(황제)에게 항소를 한 이유는 무엇입니까?

첫째, 공정한 재판을 생각했을 수 있습니다.

바울은 베스도 총독이 자신을 예루살렘의 법정에 세우려고 하는 의도를 알았고, 얼마 전에도 있었고 지금도 예루살렘에서 자신을 죽이려는 심각한 음모가 있다는 것을 알고 있었습니다(행 23:14-16). 그래서 바울은 로마 시민권을 활용해서 로마에서 공정한 재판을 받고 싶었을 것입니다.

그 당시 로마 시민은 지방 행정장관의 판결에 불복하여 황제에게 항소할 권리를 법으로 보장받았습니다. 특히 지방 행정관의 심한 압제를 받거나 중대한 재판 문제가 발생했을 때 황제에게 직접 호소할 수 있었습니다. 그럴 경우 지방 관청은 호소자를 로마까지 호송하여 황제의 재판을 직접 받도록 해야 했습니다.

둘째, 이방인과 왕과 이스라엘 자손 앞에서 예수님의 증인이 되기 위함입니다.

(1) 바울은 지난번에 3년 동안의 에베소 사역을 마무리하는 시점에 마케도니아와 아가야 그리고 예루살렘을 거쳐 로마까지 갈 계획

을 세웠습니다; "바울이 마게도냐와 아가야를 거쳐 예루살렘에 가기로 작정하여 이르되 내가 거기 갔다가 후에 로마도 보아야 하리라"(행 19:21).

(2) 예수님은 요새에 감금된 바울에게 로마에서도 복음을 전해야 한다고 말씀하셨습니다; "그날 밤에 주께서 바울 곁에 서서 이르시되 담대하라 네가 예루살렘에서 나의 일을 증언한 것 같이 로마에서도 증언하여야 하리라 하시니라"(행 23:11).

(3) 베스도 총독은 재판에서 로마의 황제에게 재판을 받겠다는 바울의 요청, 즉 항소를 받아들여 바울이 로마의 가이사에게 갈 것이라고 판결하였습니다; "베스도가 배석자들과 상의하고 이르되 네가 가이사에게 상소하였으니 가이사에게 갈 것이라 하니라"(행 25:12).

이처럼 바울이 가이사에게 항소를 한 것은 '땅 끝까지 이방인과 임금들과 이스라엘 자손들 앞에서 내 증인이 되라!'는 예수님 말씀을 성취하기 위해서였습니다. 예수님께서는 성령을 통해서 바울을 증인의 삶을 살도록 땅끝까지 인도하셨습니다; "…땅 끝까지 이르러 내 증인이 되리라"(행 1:8). "가라 이 사람은 내 이름을 이방인과 임금들과 이스라엘 자손들에게 전하기 위하여 택한 나의 그릇이라"(행 9:15).

2) 베스도 총독에게 새로운 걱정거리가 생겼습니다.

로마법에 따르면 바울에게 악행은 전혀 없고, 이 사건을 유대인들 사이에 있는 종교 문제로 파악한 베스도 총독은 유대인들의 비위를 거스르지 않으려고 예루살렘에서 다시 재판을 하자는 엉뚱한 제의(행 25:9)를 했다가 바울의 항소를 받았고(행 25:10), 그것을 수락하지 않을 수 없게 되었습니다. 그런데 문제는 바울을 최고 법정인 로마로 보낼 때 함께 보내야 할 혐의 사실이 확실하지 않다는 것이었습니다. 황제가 보아서 재판의 필요성을 인정할 만한 상소 거리도 없이 바울을 올려 보낸다면 그에게는 무능력자라는 낙인과 문책이 있을 것입니다.

그리하여 그가 '상소할 재료를 어떻게 찾을까'(행 25:26) 염려하던 차에 새로 부임한 베스도 총독에게 문안하려고 아그립바 2세와 버니게가 가이사랴에 도착하였습니다(행 25:13). 베스도 총독은 며칠 후 아그립바 2세에게 바울 사건을 설명하였습니다.

첫째, 아그립바 2세(Herod Agrippa II)는 요한의 형제 야고보를 처형하고(행 12:2) 베드로를 감금했던 아그립바 1세의 아들입니다. 그는 유대를 직접 통치하지는 않았으나 성전의 후견인으로 임명되었으며, 대제사장의 임명과 파면권 그리고 성전 보고와 제사장의 예복을 관리하는 권한도 부여받았습니다. 주후 70년 예루살렘이 파괴된 후 로마로 가서 행정관으로 임명되어 살았고, 주후 100년에 자녀 없이 죽으면서 헤롯 왕가의 마지막 왕이 되었습니다.[54]

둘째, 버니게(Bernice)는 아그립바 2세의 한 살 아래 동생으로, 벨릭스 총독의 아내인 드루실라와 친형제지간이 됩니다. 버니게는 팔레스타인 북부의 칼키스(Chalcis, 현재의 레바논)의 왕이자 아그립바 1세의 형제였던 헤롯, 곧 삼촌과 결혼했고 나중에 남편이 죽자 친정으로 돌아와 오빠인 아그립바 2세와 같이 살았으며, 다시 길리기아 왕 폴레몬(Polemon)과 두 번째 결혼을 하였으나 곧 이혼하고 다시 오빠에게 돌아왔습니다. 이때 이들 사이에는 근친상간의 불륜이 저질러졌다는 소문이 널리 퍼졌습니다. 그리고 주후 75년에 로마 황제 티투스와 결혼하려고 했으나 로마 원로원의 반대로 성사되지 않았습니다.[55]

---

54) 이복순 (2001), *사도 바울의 생애와 사역*, 213.
55) 이복순 (2001), *사도 바울의 생애와 사역*, 214.

7. 아그립바 2세 앞에 선 바울(행 26장)

1) 아들 아그립바 2세와 아버지 아그립바 1세에 관해 알아봅시다.

첫째, 아그립바 2세는 베스도 총독으로부터 바울 구류 사건에 대한 경위와 바울이 황제에게 상소한 사실을 듣고, 바울을 만나 기독교에 관한 이야기를 듣고 싶었습니다(행 25:22). 사실 아그립바 2세는 아버지 아그립바 1세와 기독교의 관계를 어느 정도 알고 있었습니다.

둘째, 아그립바 1세(Herod Agrippa)는 요한의 형제 야고보를 죽이고(행 12:1-2) 베드로를 옥에 가두었으며(행 12:4-5), 유대인의 비위를 맞추는 데 명수였습니다. 이렇게 정치적인 곡예를 잘하다가 백성들이 그를 신으로 열렬히 환호하는 소리가 날 때 하나님의 사자가 그를 쳤습니다. 그때에도 그는 하나님께 영광을 돌리지 않았고 결국은 벌레에게 먹혀 죽었다고 기록되었습니다(행 12:20-23).

2) 바울이 높은 지위에 있는 사람들 앞에 섰습니다.

바울이 아그립바 2세, 버니게, 베스도 총독, 천부장들 그리고 성중의 높은 사람들 앞에서(행 25:23) 복음을 전하는 것은 다메섹 도상에서 회심할 때부터 이미 예정되어 있었습니다; "가라 이 사람은 내 이름을 이방인과 임금들과 이스라엘 자손들에게 전하기 위하여 택한 나의 그릇이라"(행 9:15).

첫째, 바울은 높은 지위에 있는 사람들 앞에서 자신을 변호합니다(행 26:2-23).

(1) 이전에는 바리새인으로 예수 믿는 사람들을 핍박했다고 이야기합니다.

(2) 바울은 회심을 거친 후 복음 전파, 즉 '예수 그리스도의 죽으심

과 부활'을 알리는 것이 하나님의 명령이고, 이 명령이 유대인에게서 시작되었다고 주장하였습니다.

둘째, 이러한 바울의 변론에 대해 그리스의 철학이나 당시 최고 학문에 대해 폭넓은 지식을 가지고 있었던 베스도 총독은 "바울아 네가 미쳤도다 네 많은 학문이 너를 미치게 한다"(행 26:24)라고 하였습니다. 그럼에도 불구하고 바울은 아그립바 2세에게 복음을 전하면서 그리스도인이 되기를 권합니다; "아그립바 왕이여 선지자를 믿으시나이까 믿으시는 줄 아나이다 아그립바가 바울에게 이르되 네가 적은 말로 나를 권하여 그리스도인이 되게 하려 하는도다"(행 26:27-28).

셋째, 그 결과 어떻게 되었습니까?

(1) 아그립바 2세, 베스도 총독, 버니게 및 다른 고관들은 바울에 대하여 '사형이나 결박을 당할 만한 행사가 없다'(행 26:31)라고 무죄를 인정합니다.

(2) 다만 황제에게 상소하였으므로 로마에 이송되어 가이사에게 재판받게 될 것이라고 하였습니다; "이에 아그립바가 베스도에게 이르되 이 사람이 만일 가이사에게 상소하지 아니하였더라면 석방될 수 있을 뻔하였다 하니라"(행 26:32).

베스도 총독은 바울과의 만남을 하나님께서 주신 축복의 기회로 알고 복음을 받아들였어야 하나 그러지 않으므로 구원받을 기회를 놓쳤습니다. 결과적으로 베스도 총독은 이 사건 이후 주후 62년경 대제사장 아나니아 가문의 전임 대제사장과 현직 대제사장의 지휘 아래 암살되는 비운을 맞게 되었습니다.

7장
로마로 향하는 바울

"우리가 배를 타고 이달리야에 가기로 작정되매 바울과 다른 죄수 몇 사람을 아구스도대의 백부장 율리오란 사람에게 맡기니"(행 27:1).

베스도 총독은 생각이 깊지 못하고 성격도 급해, 백부장 율리오로 하여금 모든 죄수들을 아드라뭇데노(Adramyttium) 배에 승선시켜 초가을에 가이사랴를 출발하라며, 이달리야(이탈리아)로 이송 명령을 내렸습니다.

1) 백부장 율리오(Julius)는 누구일까요?

첫째, 백부장 율리오(Julius)는 아구사도대(Imperial Regiment) 소속, 즉 로마 황제의 직할 부대로서 전방 부대를 지도, 통제, 연락하는 친위대장이었습니다.

둘째, 바울에게 상당히 호의를 베풀어서, 죄인이 아니었던 아리스다고와 누가가 바울과 동행할 수 있도록 승선을 허락했습니다(행 27:2).

시돈 항구, 레바논
바울은 항구에서 시돈의 성도들 그리고 베드로와 만남을 가졌다. 만났던 장소에 교회(St. Nicholas Cathedral)가 세워졌다.

셋째, 배가 가이사랴를 출발하여 시돈에 잠시 머물렀을 때, 시돈의 성도들과 교제할 수 있도록 허락해 주었습니다; "이튿날 시돈에 대니 율리오가 바울을 친절히 대하여 친구들에게 가서 대접 받기를 허락하더니"(행 27:3). 전승에 의하면, 베드로도 이곳에 와서 바울을 만났다고 합니다.

넷째, 항해 중에 있었던 일을 통해 바울에게 좋은 감정을 가졌습니다.

2) 율리오는 배를 타고 바울을 어떻게 로마로 데려갔을까요?

첫째, 바울이 탄 배는 가이사랴를 출발하여 시돈(Sidon)에 도착하여 잠시 머물렀습니다. 이때 바울은 시돈의 성도들과 교제하였습니다(행 27:3).

　둘째, 이후 지중해 해안 바다를 따라 서쪽에 있는 무라(Myra)까지 가서 알렉산드리아 배로 옮겨 탔고, 니도(Cnidus)를 경유하여 계속 서쪽으로 항해하려 했습니다. 그러나 바람이 너무 강하여(북서풍) 니도 앞바다에서 진로를 남쪽으로 바꾸었습니다(행 27:7). 그레데 섬의 동쪽 끝의 돌출부에 있는 갑(Cape), 즉 살모네(Salmone)를 지나 그레데 섬을 바람막이로 하여 서쪽으로 항해하려 하였으나 얼마 가지 못해 미항(Fair Havens)에 이르렀습니다(행 27:7-8). 미항은 그레데 섬의 남쪽에 있는 자그마한 항구로 오래도록 머물 만한 곳은 못 되나 잠시 바람을 피할 수 있었습니다. 미항의 동쪽 2-3km 떨어진 곳에 라새아(Lasea) 성이 있었습니다.

미항(Fair Havens), 그레데
그레데 섬의 남쪽에 있는 항구로 바울은 이곳에서 겨울을 보내길 원했다.

미항에 잠시 머물렀을 때 바울이 거처했던 곳

(1) 바울은 금식하는 절기[56]가 지나 위태함을 알고 미항에서 겨울을 보낸 후 이달리야(이탈리아)로 가기를 백부장에게 권했습니다. 그러나 백부장은 바울의 말보다 선장과 선주의 말을 더 믿었고 그레데의 항구인 뵈닉스(Phoenix)에서 과동하기 위해 출발하였습니다(행 27:9-13).

(2) 바울과 백부장의 생각에는 차이가 있었습니다. 바울은 하나님의 뜻을 주장했고, 백부장은 인간의 지식과 지혜를 선택했습니다. 세상에는 인간의 지식과 경험을 통하여 들려오는 음성과 하나님의 말씀을 통하여 들려오는 음성이 있습니다. 어쩌면 우리도 이 세상을 살아가는 동안 언제나 이 두 음성이 들릴 것입니다. 이 두 가지

---

[56] 유대인들은 매년 유대력 7월 10일(9월 또는 10월)을 금식일로 삼았습니다(레 16:29-34; 행 27:9).

7장 로마로 향하는 바울 179

음성 중 어디에 귀를 기울이느냐에 따라 삶의 모습이 달라집니다.

백부장은 선장과 선주 및 많은 사람이 미항을 떠나 시설이 좀 더 좋은 뵈닉스(Phoenix) 항구에서 겨울을 지내자는 음성을 선택했습니다. 그러나 바울은 반대했습니다. 바울은 큰일이든 작은 일이든 모든 일을 시작하기 전에 반드시 하나님께 기도를 드리고 기도를 통하여 지혜를 얻은 후 움직인 사람입니다. 그는 하나님께 받은 계시를 토대로 이렇게 주장하였습니다; "여러분이여 내가 보니 이번 항해가 하물과 배만 아니라 우리 생명에도 타격과 많은 손해를 끼치리라"(행 27:10).

셋째, 그들은 미항을 떠나 뵈닉스로 향했습니다. 그러나 바울이 탄 배는 얼마 가지 않아 그레데 섬 남쪽 해안에 위치한 미항 앞에서 유라굴로(Euraquilo)[57]라는 광풍을 만났습니다.

(1) 유라굴로 광풍을 만났을 때 그들은 인간의 지혜와 지식을 총동원하여 첫째 날에 가우다 섬 밑에서 선체를 밧줄로 감았습니다(행 27:16-17). 둘째 날에는 배에 싣고 가던 짐을 모두 버렸습니다(행 27:18). 사흘째 되는 날에는 배의 모든 기구를 버렸습니다(행 27:19). 배의 기구를 버렸다는 것은 모든 수단과 방법을 포기하고 하늘만 바라보게 되었다는 것을 의미합니다. 유라굴로 광풍 앞에서 인간의 지혜와 경험과 수단과 방법 모두 쓸모없어지고 말았습니다.

(2) 이처럼 세상 사람들은 어려움을 만나면 세상의 원리로 해결하려고 합니다. 그러다 세상의 원리로 해결이 안 되면 그제야 믿음의 원리를 찾기 시작합니다. 그런 이유로 우리는 세상이 나빠진다고 크게 실망할 필요가 없습니다. 세상이 어려워지면 사람들은 믿음의 원

---

57) '유라굴로' 광풍은 '위험한 북동풍'이란 뜻으로, 옛날부터 11월부터 3월 초까지는 지중해 여행을 하지 않았습니다.

리를 찾기 때문입니다. 바울은 죄인으로 배를 탔지만 유라굴로 광풍 이후에 결국은 배의 인도자가 되어, 믿음의 원리를 따르고자 하는 사람들을 이끌게 되었습니다.

(3) 여러 날 동안 해를 보지 못하고, 별도 보지 못하고 아무것도 먹지 못하며, 살 수 있다는 어떠한 소망이나 가능성도 없이 표류하였습니다. 모든 것을 포기한 채 죽음을 기다리던 이들에게 하나님께서는 바울을 통하여 사랑과 위로의 말씀을 주셨습니다; "이제는 안심하라 너희 중 아무도 생명에는 아무런 손상이 없겠고 오직 배뿐이리라"(행 27:22).

(4) 배에 탔던 276명은 하나님께서 함께 계신 바울로 인해 구원을 얻었습니다. 바울은 로마에 가서 복음을 전해야 했기 때문에 특별히 하나님께서 살리고 도와주셨습니다(행 23:11). 그래서 바울을 포함한 276명이 광풍에서 살아날 수 있었습니다. 바울의 옆에 있어서 생명을 구할 수 있었습니다. 복음을 전하는 교회와 일꾼들의 옆에 있으면 구원을 얻습니다. 하나님께서는 교회와 일꾼들을 통해 복음을 땅끝까지 전하고자 하여 그들을 축복하시기 때문입니다.

넷째, 14일째 되는 날 밤에 배는 미항에서부터 약 800km의 표류를 마치면서, 오늘날 '바울의 섬'이라고 불리는 장소 근처에 도착하고 닻을 내렸습니다. 14일 만에 하나님께 감사 기도를 하고 음식을 먹었습니다(행 27:27). 그리고 날이 밝고 나서 바람에 맞추어 배가 해안을 향하여 가다가 두 물이 합하여 흐르는 곳에서 파손되었고, 배에 있던 276명 모두 해안가에 상륙하여 구원을 얻었는데 그곳은 멜리데(Malta) 섬이었습니다.

276명은 해안가에 도착하여 모닥불을 피웠는데, 이때 나무에서 독사가 튀어나와 바울을 물었습니다. 그러나 그에게는 아무 일도 일어나지 않았습니다. 그들이 멜리데에 3개월 체류하는 동안에 이 섬

모닥불 교회, 멜리데
원주민들이 비가 오고 날이 차매 불을 피워 배에서 내린 이들을 영접하였고, 후대에 이를 기념하여 모닥불 교회가 세워졌다.

에서 제일 높은 사람 보블리오(Publius)가 그들을 따뜻하게 대접해 주었습니다. 때마침 보블리오의 부친이 열병과 이질에 걸려 누워 있었는데 바울이 낫게 해주었습니다.

다섯째, 3개월이 지난 후 바울을 태운 배는 멜리데를 떠나 수라구사(Syracuse)에 도착하여 3일 정박하고, 레기온(Rhegium)에서 1일, 보디올(Puteoli)에서 7일 머무르고 캄파나 도로(Campana Road)와 압비아 도로(Appia Road)를 따라 로마로 올라갑니다.

바울이 로마로 압송될 때 로마의 신자들이 약 70km 떨어진 압비오 저자(Forum of Appius)와 삼관(Three Taverns)까지 내려와 맞이하였습니다. 이때 바울은 신자들을 보고 하나님께 감사드리며 약해진

바울이 3개월 동안 머물렀던 동굴, 멜리데

로마로 연결되어 있는 아피아 도로1
바울은 보디올 부근에 있는 아피아 도로를 통해 로마로 향하였다.

로마로 연결되어 있는 아피아 도로2
바울이 로마로 입성하기 전에 걸었던 아피아 도로

압비오 저자(시장), 로마 근교
로마의 성도들이 로마로부터 약 70km 떨어진 압비오 저자까지 내려와 바울을 맞이하였다.

삼관, 로마 근교
삼관은 로마로 들어가기 전에 잠시 쉬었다 가는 곳으로 3개의 여관이 있었다. 바울도 이곳에서 잠시 머물렀을 것이다.

마음을 추스를 수 있었습니다; "그곳 형제들이 우리 소식을 듣고 압비오 광장과 트레이스 타베르네까지(삼관) 맞으러 오니 바울이 그들을 보고 하나님께 감사하고 담대한 마음을 얻으니라"(행 28:15).

제8장
로마에서의 바울

"우리가 로마에 들어가니 바울에게는 자기를 지키는 한 군인과 함께 따로 있게 허락하더라"(행 28:16).

"바울이 온 이태를 자기 셋집에 머물면서 자기에게 오는 사람을 다 영접하고 하나님의 나라를 전파하며 주 예수 그리스도에 관한 모든 것을 담대하게 거침없이 가르치더라"(행 28:30-31).

1) 바울은 로마에서 어디에 있었을까요?

첫째, 바울은 처음 로마로 압송되었을 때는 정치와 종교의 중심지 역할을 하던 광장인 포로 로마노(Foro Romano)에 있는 마메르티눔(Mamertinum)이라는 감옥에 잠시 갇혀 있었습니다. 로마 정부는 잡혀 온 바울이 위험한 인물도 아니고 또 로마 시민권도 가지고 있음을 알고 군인으로 하여금 감시하게 하고는 그를 풀어 주었습니다(행 28:16).

둘째, 바울은 자기가 돈을 지불하는 셋집에서 2년 머물렀습니다

첫 번째 감옥 마메르티눔(Mamertinum), 로마
마메르티눔 감옥은 로마의 중심지인 포로 로마노에 있는데, 바울은 이곳에서 잠시 갇혀 있었다.

2년 동안 머물렀던 셋집, 로마
바울이 2년 동안 머물렀다고 추정되는 셋집에 교회가 들어서 있다.

(행 28:30).

(1) 바울이 셋집에 지낼 수 있었던 이유 중 하나는 가이사랴에서 로마로 바울과 죄수들을 압송해 온 아구사도대의 백부장 율리오(Julius)가 도움을 줬기 때문일 것입니다. 그는 항해 중에 일어난 일을 통하여 바울에게 좋은 감정이 있었을 것이고, 로마에 도착한 후 상관에게 보고할 때 편의를 제공했을 가능성이 있습니다.

(2) 당시 로마의 법에 따르면 로마 시민권을 가진 죄수는 감옥 밖에 일이 있으면 비교적 자유롭게 왕래할 수 있었습니다. 밖으로 나가기 위해 자기를 대신해서 감옥에 대리인을 두면 가능했습니다.

셋째, 바울은 로마에 도착하고 사흘이 지났을 때 유대인 중 높은 사람들과 만났습니다. 바울은 자신이 예루살렘에서 이유 없이 죄인이 되었고 유대인들은 끝까지 자신을 죄인으로 정죄하였기에 마지못해 가이사에게 호소하여 로마까지 왔다고 설명하였습니다(행 28:17-

19). 이에 많은 유대인들이 바울의 사상을 듣고자 하여 날짜를 정해 바울의 셋집에 찾아왔고, 바울은 아침부터 저녁까지 강론하였습니다(행 28:22-23).

2) 바울은 아침부터 저녁까지 무엇에 대해 강론했을까요?

첫째, '하나님의 나라(주권)'였습니다(행 28:23, 31).

⑴ 바울은 '모세의 율법과 선지자의 글 그리고 시편'을 인용하며 하나님의 나라를 설명합니다(눅 24:44; 행 26:22).

⑵ 그것이 바울이 복음을 전파하는 방법입니다(행 13:30-39).

둘째, 예수가 그리스도이심을 가르쳤습니다(행 28:31).

⑴ 예수를 통해서 '구약에서 예언한 약속의 성취'가 이루어졌고, '구약의 완성'이 이루어졌다고 가르쳤습니다.

⑵ 예수는 죽음에서 부활함으로써 그리스도이심을 증명하셨고 모든 이의 주가 되셨다 가르쳤습니다.

3) 바울은 셋집에서 지내는 2년 동안 무엇을 했습니까?

첫째, 많은 유대인들에게 복음을 전했지만, 믿는 자도 있었고 믿지 않는 자도 있었습니다(행 28:24).

⑴ 그래서 바울은 하나님의 구원이 이방인에게 넘어갔다고 말합니다; "그런즉 하나님의 이 구원이 이방인에게로 보내어진 줄 알라 그들은 그것을 들으리라 하더라"(행 28:28).

⑵ 바울은 로마에 서신을 보냈을 때 "그들이 넘어지기까지 실족하였느냐 그럴 수 없느니라 그들이 넘어짐으로 구원이 이방인에게 이르러 이스라엘로 시기나게 함이니라"(롬 11:11)라고 하면서 유대인이 마지막에는 하나님께로 돌아온다고 소망을 피력하였습니다(롬 9-11장; 행 28:28).

둘째, 바울은 제자들을 양육했습니다. 그중 하나가 오네시모입니다; "갇힌 중에서 낳은 아들 오네시모를 위하여 네게 간구하노라"(몬 1:10).

셋째, 바울은 로마에서 그가 사랑하는 여러 동역자를 만났습니다.

뵈뵈, 아굴라와 브리스길라 부부, 아시아의 첫 열매인 에배네도, 루포의 어머니, 에바브라, 에바브로디도 등 여러 동역자와 또한 로마에 있는 성도들을 만나서 복음을 전하고 선교 계획도 의논하고, 재판에 대하여 미리 대처도 하였을 것입니다. 그 당시 바울의 나이는 50~60세로, 그의 신앙과 학문과 인품이 거의 완숙기에 들어선 때였습니다.

넷째, 바울은 네 개의 서신, 즉 에베소서, 골로새서, 빌레몬서 그리고 빌립보서를 기록하게 됩니다.

바울의 초창기 서신, 예를 들어 갈라디아 서신이나 고린도전 후서를 보면, 교회에 문제가 생겨서 그 문제를 수습하는 차원에서 편지를 쓰던 바울의 '격한 감정'을 느낄 수 있습니다. 그러나 세월이 흘러 로마의 성도들에게 보낸 로마서에는 격한 감정보다는 차분한 마음으로 복음의 내용을 기록하였고, 수년이 지나 바울이 로마의 감옥에 있을 때 더욱 성숙한 생각을 하게 됩니다.

1. 에베소 서신 작성

1) 바울은 왜 에베소 서신을 썼습니까?

바울이 쓴 초기 서신들의 주된 주제는 '믿음으로 의롭다 함을 받는다'는 것이었습니다. 그는 죄 사함을 받고 하나님과 바른 관계에 들어가는 '개인적인 구원에 관심'을 기울였습니다. 이제 바울은 구원

받은 성도들이 교회를 이루되 세상의 어떤 환난과 풍파에서도 흔들리지 않는, 아주 튼튼하고 거룩하고 건전한 교회를 세워야 한다는 생각을 하게 되었습니다.

바울이 가이사랴의 감옥에서 2년 그리고 로마로 압송되어 셋집에서 2년을 지냈습니다. 그 기간은 과거와 현재를 돌아보고 미래를 예측하는 시간이었고, 그때 바울은 하나님의 우주적인 비밀을 알게 되어 편지를 썼습니다. 바로 에베소 서신입니다.

2) 하나님의 우주적인 비밀이란 무엇입니까?

첫째, 구약성경은 이방인들이 하나님의 복음을 받게 될 것을 말씀하고 있습니다;

"…땅의 모든 족속이 너로 말미암아 복을 얻을 것이라"(창 12:3).

"그날에 이새의 뿌리에서 한 싹이 나서…열방이 그에게로 돌아오리니…"(사 11:10).

"…너희는 내 백성이 아니라 한 그곳에서 그들에게 이르기를 너희는 살아 계신 하나님의 아들들이라 할 것이라"(호 1:10).

(1) 이스라엘뿐만 아니라 이방인들도 하나님의 복음을 받게 될 것이라고 합니다. 구약성경은 창세기부터 말라기까지 이방인의 빛으로 오실 메시아에 대해서 말씀하고 있습니다.

(2) 유대인들은 선민이라는 자존심에 묶여 오랫동안 진리를 깨우치지 못하고 살아왔습니다.

(3) 바울은 이것을 다메섹 도상에서 하나님의 은혜로 깨달았고, '이방인의 사도'로 선택을 받았다고 합니다.

둘째, 유대인들의 선민사상은 교회를 통해서 하나님의 말씀이 전 세계에 퍼지면서 무너졌습니다.

(1) 하나님은 이전에 이스라엘 민족을 통해서 전 세계에 복음을

전하려고 하셨지만 지금은 교회를 통해서 전 세계에 복음을 전하신다는 것입니다.

(2) 바울은 이방을 다닐 때 제자를 양육하며 새로운 교회를 세워 나갔고 그때마다 하나님의 은혜가 넘쳐났습니다. 사람들은 자유와 기쁨을 누렸습니다. 이것이 바로 비밀이었고 바울이 이것을 깨달았던 것입니다. 그런데 이러한 하나님의 우주적인 비밀의 중심에는 예수 그리스도가 계십니다. 예수 그리스도 안에는 '지혜와 지식의 모든 보화'가 다 들어 있습니다(골 2:3). 그래서 예수 그리스도가 하나님의 비밀입니다(골 2:2).

이렇게 바울은 하나님의 우주적인 비밀을 깨닫게 하려고 성도들에게 서신을 썼습니다.

3) 바울은 에베소 서신에서 무엇을 이야기합니까?

첫째, 바울은 교회론을 이야기합니다.

(1) 바울은 하나님이 창세전에 인간을 구원하시기로, 그리스도 안에서 신령한 복을 주시기로 이미 결정하셨고(엡 1:4-10), 그것이 바로 '하나님의 비밀'이며 이것을 이루어 가는 곳이 교회라고 생각했습니다(엡 3:3-6, 4:12).

(2) 예수님께서도 교회에 대해서 말씀하셨습니다. 교회란 '하나님의 부르심을 받은 사람들이 하나님의 사명을 성취하기 위해 두세 명 이상이 모인 곳'입니다.

- 부름: 하나님으로부터 부르심을 받은 사람들(마 16:18-19)
- 모임: 적어도 두세 사람이 모인 곳(마 18:20)
- 미션: 하나님의 사명(마 28:18-20)을 성취하기 위해서

바울은 하나님이 세상에 예언자들을 보내시고, 독생자로 피를 쏟게 하시고, 성부, 성자, 성령이 함께 역사하시고, 사도들이 순교하고,

많은 선교사로 그렇게 피땀을 흘리게 하시는 궁극적인 목표가 '그리스도의 몸인 교회를 세우는 것'임을 깨달았습니다.

둘째, 에베소를 포함하여 아시아의 교회들은 늘 분열의 위험이 있었습니다. 교회에는 유대인과 이방인이 섞여 있었기 때문입니다. 그래서 그리스도의 몸 된 교회에 속한 성도들, 즉 유대인 이방인 구별할 것 없이 모든 성도가 지켜야 할 것을 가르칩니다.

- 그리스도 안에서 하나가 되어 한 몸을 이루라(엡 4:1-6).
- '그리스도의 장성한 분량'에 이르기까지 성장하라(엡 4:7-16).
- 옛 사람의 습관을 벗어 버리고 개인 생활을 새롭게 하라(엡 4:17-5:20).
- 영적 전투를 위해 '하나님의 전신갑주'를 입으라(엡 6:10-20).

셋째, 교회는 여러 인간관계에 있어 '서로 복종함을 원칙으로 삼아야 한다'(엡 5:21-6:9)라고 가르쳤습니다.

(1) 초대교회 당시 유대인과 헬라인들의 문화적 배경하에서, 일반 여성의 사회적 지위는 한마디로 비천했습니다. 그 일례로 유대인 남자들은 아침 기도 때 자신이 여자로 태어나지 않은 것을 하나님께 감사했으며, 여자들에게 일체 교육도 시키지 않았고 여자는 한낱 남편의 소유물에 불과했습니다. 이러한 억압 상태에서 여자들의 관심은 다른 곳에 쏠렸는데, 그곳이 바로 교회였습니다.

(2) 교회에서 여자들은 남자들과 동등한 자리에 앉아서 하나님의 말씀을 배울 수 있었고, 성령의 은사를 따라 각종 행사와 활동에 참여할 수 있었습니다(고전 11:1-6). 그러나 교회에서 여성도들의 급격한 활동은 엄격한 가부장제에 익숙해 있던 남자들로부터 비난을 샀고, 교회 내 질서를 혼잡하게 하는 결과를 초래하였습니다. 바울이 여성 활동에 대해서 공적 예배를 중심으로 일단의 제동을 건 이유가 바로 여기에 있었는데(고전 14:34), 비슷한 상황이 에베소 교회에서도

일어났습니다.

(3) 바울은 교회가 '그리스도의 몸'이고 모든 성도는 '교회의 한 지체'이니, 모든 교회의 성도들은 교회의 머리 되신 예수 그리스도를 중심으로 서로 복종함을 원칙으로 삼아야 한다고 설명합니다.

2. 빌립보 서신 작성

1) 바울은 왜 빌립보 서신을 썼을까요?

바울은 자주 장사 루디아와 빌립보 감옥의 간수 가족을 중심으로 모임 공동체를 만들어 계속해서 좋은 관계를 유지해 오고 있었습니다. 빌립보 교인들은 바울에게 받은 신앙의 유산을 잘 간직하여, 바울이 마케도니아를 떠날 때와 데살로니가에 있을 때에 여러 번 돕기도 했습니다(빌 4:15-16). 또 바울이 로마로 압송되어 감금되었을 때 빌립보 모임 공동체가 그 소식을 듣고는 에바브로디도 편으로 바울에게 헌금을 보냈습니다(빌 4:10, 14-18). 바울은 이런 빌립보 성도들에게 감사하는 마음으로 편지를 보냅니다.

2) 바울은 빌립보 서신에서 무엇을 이야기합니까?

첫째, 빌립보 성도들이 보내 준 헌금에 대해 감사의 뜻을 전합니다(빌 4:10, 14-18).

둘째, 로마에서 처한 자신의 상황에 대해 알리고, 그의 투옥이 결단코 복음의 퇴보를 가져오는 것이 아님을 확언함으로써 빌립보 성도들의 염려를 없애려 했습니다(빌 1:12-26).

셋째, 빌립보 성도들에게 왜 에바브로디도를 되돌려보냈는지 설명할 필요가 있었습니다.

(1) 빌립보 성도들은 에바브로디도가 바울 곁에 머물면서 바울을

섬겨야 한다고 생각했습니다(빌 2:25-30). 그런데 에바브로디도가 로마에서 병에 걸려 고생했고, 바울은 빌립보 성도들이 이 소식을 들은 줄 알고 근심하다가, 다행히 그가 쾌차하여 바울도 근심을 덜 수 있었습니다.

(2) 이에 바울은 빌립보 성도들이 에바브로디도의 건강한 모습을 보고 기뻐하게 하려고 에바브로디도를 돌려보냈습니다.

넷째, 유대교의 율법주의가 교회에 들어와 나쁜 영향을 끼치고 있음을 알고 바로잡고자 했습니다.

(1) 바울은 예수님을 믿기 전에 율법적 의를 가지고 유대교를 신봉했습니다. 하나님의 전적인 은혜보다 자신의 도덕성을 의지했고, 하나님을 믿어 의롭다 함을 받음보다 자기의 율법 준수를 통해서 의로워지려고 노력했습니다. 다시 말해 히브리인이고 바리새인임을 자랑으로 여기던 사람이었습니다(빌 3:5-6).

(2) 그가 예수님을 만난 이후, 하나님을 믿고 순종하기보다는 유대 전통적이며 히브리 혈통적인 관례를 따라 율법 준수를 주장하며 살아왔던 바리새인의 삶이 한순간에 물거품이 되어 버렸습니다. 율법적, 종교적 그리고 도덕적인 바울은 하나님의 은혜가 임한 후 이전에 자랑하던 모든 것을 아무 쓸모 없는 배설물로 여기게 되었습니다(빌 3:7-8).

다섯째, 빌립보 교회에 분열의 위험이 있음을 알고 그러지 말기를 이야기합니다. 예를 들어 "내가 유오디아를 권하고 순두게를 권하노니 주 안에서 같은 마음을 품으라"(빌 4:2)라고 부탁합니다.

3. 골로새 서신 작성

1) 바울은 왜 골로새 서신을 썼을까요?

바울이 3차 선교 여행 중 에베소에 약 3년 정도 머물 때, 골로새 출신인 에바브라와 빌레몬이 예수님을 믿게 되었고 이때 두란노 서원에서 교육을 받은 것으로 알려져 있습니다. 에바브라는 히에라볼리, 라오디게아 그리고 골로새에 교회를 개척하였고, 빌레몬은 골로새의 자기 집을 교회로 사용한 것으로 알려져 있습니다(몬 1:2). 바울은 로마 감옥에서 나오면 골로새의 빌레몬을 방문하겠다고 했습니다(빌 1:22).

세월이 흘러 바울이 로마의 감옥에 갇혔다는 소식을 들은 에바브라는 바울을 걱정하는 마음과 골로새의 이단에 대한 질문을 품고 바울을 만나러 갔습니다. 이에 바울은 골로새 성도들에게 이단에 대해 설명하고 이단을 배제하도록 가르치려는 목적으로 그리스도에 대해 글, 곧 골로새 서신을 썼습니다.

2) 바울은 골로새 서신에서 무엇을 이야기합니까?

첫째, 바울은 하나님의 비밀인 그리스도가 하나님의 형상(골 1:15), 만물의 창조주(골 1:16), 만물보다 먼저 계신 분(골 1:17), 교회의 머리(골 1:18), 죽은 자 가운데 먼저 부활하신 분(골 1:18), 하나님의 충만한 신성을 몸에 지닌 분(골 1:19, 2:9), 하나님과 인간을 화해시키시는 유일한 중보자(골 1:20-22)이심을 설명합니다.

둘째, 골로새에 많은 이단적인 요소들을 나열하면서 이단의 가르침은 헛되고 불완전하여 결코 구원을 가져다줄 수 없다고 설명합니다.

(1) 초기 영지주의(골 2:8). 물질과 육신은 악하기에 하나님은 인간

이 될 수 없으며, 그런 이유로 그리스도의 죽음, 부활과 승천을 부인하였습니다. 흥미로운 것은 이것이 당대 모든 종교, 철학, 도덕적 지성의 혼합주의라는 사실입니다. 유대 율법주의의 엄격한 규례와 관습과 절기, 헬라 철학의 이원론, 동방 종교의 신비주의가 뒤섞여 복음을 대적하는 종교가 되었습니다.

(2) 유대교의 율법주의(골 2:16). 그리스도를 믿는다 할지라도 여전히 할례, 음식에 관한 규례, 절기 등 율법적인 의식들을 중시하는 유대교의 율법주의가 영향을 끼치고 있었습니다. 이 중에 특히 할례 문제(골 2:11, 3:11)는 바울이 전에도 어려움을 겪은 문제입니다. 이들은 율법을 지키는 것이 구원의 길이라고 주장하였습니다.

(3) 천사 숭배(골 2:18). 악한 육신을 입은 인간이 하나님께 직접 경배드리는 것은 교만한 행동이므로 하나님보다 낮은 천사에게 경배해야 하며 그것이 곧 겸손한 행위라고 주장하였습니다(골 2:18). 이것은 인간의 이성에서 비롯된 것이었습니다.

(4) 금욕주의(골 2:21). 육체는 악하므로 가혹하게 다루어야 한다고 했습니다. 즉, 육체에 엄격한 규율을 끊임없이 가함으로써 욕망을 억눌러야 하며(골 2:21), 그렇게 함으로써 경건하고 겸손한 자가 될 수 있다고 하였습니다.

3) 금욕주의와 기독교의 물질관에 관해서도 설명하고 있습니다.

첫째, 헬라 철학은 정신에 속하는 것을 선, 육체에 속하는 본능이나 욕구를 악으로 보았는데, 이 견해에 바탕을 두고 육체적인 욕구, 본능을 되도록 억제하는 것이 중요하다고 보았습니다. 헬라적 사고가 기독교에 유입되고 그 영향을 받아 기독교 안에서 금욕주의가 나타났습니다. 악한 우리의 몸을 어떻게 다루는 것이 좋겠느냐에 대한 답으로 금욕주의가 등장한 것입니다. 금욕주의가 한동안 지속

되다가 고행주의로 발전하였는데, 마르틴 루터가 종교개혁을 일으킨 이유 중의 하나가 고행주의였습니다.

둘째, 하나님께서 만드신 세상과 물질은 악한 것이 아닙니다(딤전 4:4). 물질은 이용되는 과정에 따라서 악해지기도 하고 선해지기도 합니다. 칼을 가지고 수박을 잘라서 나눠 먹는다든지 요리를 만든다든지 하면 그때 그 칼은 선한 도구입니다. 그러나 강도가 그 칼을 가지고 사람을 죽일 때는 악한 것이 되고 맙니다.

셋째, 우리의 몸도 마찬가지입니다. 무엇을 하느냐에 따라 내가 선이 될 수도 있고 악이 될 수도 있습니다. 그러니까 바울의 고민은 '내 속에 이 두 가지가 싸우고 있다'는 것이었습니다(롬 7:21-24). 이것이 기독교의 물질관입니다. 이 육체를 사용하는 자유권은 바로 우리에게 있습니다.

4. 빌레몬 서신 작성

1) 바울은 왜 빌레몬 서신을 썼는가?

첫째, 바울이 빌레몬의 종 오네시모를 로마의 셋집에서 어떻게 만나게 되었는지는 확실치 않습니다. 골로새 출신인 에바브라와 빌레몬은 바울이 3차 선교 여행 중 에베소에서 사역을 할 때 예수님을 믿게 되었습니다(몬 1:19). 후에 에바브라는 히에라볼리, 라오디게아 그리고 골로새에 교회를 개척하였고, 빌레몬은 골로새의 자기 집을 교회로 사용하였습니다.

둘째, 수년이 지난 후 바울이 로마에 갇혔다는 소식을 들은 에바브라는 바울을 만나러 로마까지 왔고, 이때 에바브라의 도움으로 로마까지 도망 온 노예 오네시모가 바울과 함께할 수 있었습니다. 빌레몬이 바울을 통해 복음으로 새롭게 된 것처럼 노예 오네시모도 바울의 전도를 받고 신자가 되어 변화하였습니다. 주인에게서 도주하였던 악한 오네시모는 이제 바울에게 소중하고 유익한 사람이 되었고, 바울도 그를 '내가 갇힌 중에 낳은 아들'(몬 1:10), '내 심복'(몬 1:12), '사랑받는 형제로 둘 자'(몬 1:16) 등으로 표현하며 애정을 드러냈습니다.

셋째, 바울은 오네시모가 곁에 남아서 바울의 사역을 도울 수 있기를 바랐지만 로마에 그대로 머무르는 것이 옳지 않다고 생각했습니다. 오네시모는 노예였는데, 주인에게서 도주하였을 뿐 아니라 주인의 재물까지 가지고 갔으므로 그 죄가 컸기 때문입니다. 그래서 바울은 주인 빌레몬에게 보내는 편지와 함께 오네시모를 돌려보냈습니다. 이 편지가 빌레몬 서신입니다. 이때 서신 전달자는 두기고입니다(골 4:7).

2) 바울은 빌레몬 서신에서 무엇을 이야기합니까?

첫째, 바울은 빌레몬에게 주인과 노예의 관계를 초월하여 그리스도 안에서 형제로서 노예 오네시모를 용서하고 환영해 달라고 편지를 통해 정중하게 요청합니다. 바울은 빌레몬의 신앙의 아버지로서, 그리고 사도로서 빌레몬에게 명령할 충분한 권한이 있었으나, 오히려 겸손하게 빌레몬의 마음에 호소합니다(몬 1:9).

둘째, 바울은 현재 갇힌 상태로 있지만 나중에 석방될 것인데 그때에 빌레몬이 자신을 위하여 지낼 곳을 마련해 주길 요청합니다(몬 1:22).

미국 16대 대통령 링컨은 빌레몬 서신을 읽다가 영감을 받아서 '자유와 노예는 함께 있을 수 없다'고 하며 노예 해방운동을 하게 되었다고 합니다.

제9장
로마를 떠난 바울과 순교

초대교회 시절에 예루살렘의 상황은 어땠을까요?

주후 62년 예수님의 형제 야고보는 유대인들에 의해 성전 위에서 떨어져 순교했습니다. 이후 예수님의 다른 동생 시몬(마 13:55)이 예루살렘 교회의 지도자가 되어 일을 하였습니다. 주후 66년 이후 유대인들은 로마에 반란을 일으켜(유대의 첫 번째 반란, A.D. 66~70) 로마 군인들이 예루살렘을 침공하였고, 예루살렘 교회 성도들은 전쟁을 피해 펠라(Pella)로 피신을 갔습니다.

유대인들은 기독교를 유대교의 한 종파로 생각하고 있었습니다. 그런데 나라의 어려움을 뒤로하고 자기들만 살겠다고 달아난 기독교인들을 보면서, 주후 90년대에 얌니아 회의에서(산헤드린 모임을 이곳에서 하였다) 기독교를 이단으로 정죄하였습니다. 이때부터 기독교인은 회당과 결별하였고, 유대인들이 갖고 있었던 특권, 즉 황제 숭배를 하지 않고 로마 군대에 들어가지 않았던 특권을 상실하면서 로마 제국에서 어렵게 살아가게 되었습니다.

하드리안 황제가 주후 135년 예루살렘의 이름을 아일리아 카피톨

리나(Aelia Capitolina)로 개명하고 모든 유대인들을 예루살렘으로부터 쫓아냈습니다. 이때 유대인 성도들도 떠나 결국 예루살렘 교회에는 이방인 교인들만 남게 되었습니다.

1. 바울과 스페인(서바나)

바울은 약 2년 동안 로마의 한 셋집에서 머물다가 60년 초에 석방되었습니다. 그가 생각했던 자신의 마지막 선교지는 로마 제국의 수도였던 로마였고, 가능하다면 세계의 끝이라는 스페인(서바나)까지 가서 복음 전하기를 소원하였습니다;

"이제는 이 지방에 일할 곳이 없고 또 여러 해 전부터 언제든지 서바나로 갈 때에 너희에게 가기를 바라고 있었으니 이는 지나가는 길에 너희를 보고 먼저 너희와 사귐으로 얼마간 기쁨을 가진 후에 너희가 그리로 보내 주기를 바람이라"(롬 15:23-24).

"그러므로 내가 이 일을 마치고 이 열매를 그들에게 확증한 후에 너희에게 들렀다가 서바나로 가리라"(롬 15:28).

1) 로마인들에게 땅끝은 어디일까요?

로마의 북쪽은 북극, 동쪽은 인도(알렉산더가 인도까지 갔다), 남쪽은 에티오피아 그리고 서쪽은 이스파니아(Hispania, 스페인)입니다. 스페인은 바울 이전에 이미 로마 땅이 되었는데, 페니키아 왕 한니발을 이긴 로마의 장군 스키피오(Scipio Africanus, B.C. 236~183)가 그때 스페인에 거점을 두었습니다.

2) 바울은 로마를 나와 땅끝인 스페인으로 갔을까요?

사실 성경에는 스페인에 가겠다는 바울의 의지만 기록되어 있을 뿐 그의 행적에 관한 기록은 없습니다. 그런데 성경 밖의 기록에 언급이 되고 있습니다.

첫째, 클레멘트 1서(A.D. 95~96, 로마에서 쓰여짐)에 기록이 있습니다. 빌립보서 4장 3절에 등장하는 '글레멘드'가 클레멘트 1서를 썼을 것이라고 추정합니다. 그 당시 클레멘트는 로마의 담임목사였습니다. 그의 글에 보면, 바울이 '서쪽'(스페인)에 갔다는 언급이 있습니다.

둘째, 오스티아(Ostia) 항구에서 배를 타고 갔다고 합니다.

(1) 베드로 행전(A.D. 180~190, 로마 또는 소아시아에서 쓰임)에 로마의 성도들이 오스티아 항구까지 와서 바울을 배웅하는 이야기가 있습니다. 비바람이 불어서 항구에 며칠 묶여 있었고 이후에 배를 타고 갔다고 합니다.

(2) 클레멘트도 바울을 배웅했다고 서신에 적고 있습니다.

셋째, 바울은 오스티아 항구에서 배를 타고 서쪽인 스페인으로 갔습니다. 바울이 방문했을 것으로 추정되는 장소가 세 곳 있는데, 타라고나, 카디즈(가데즈), 세비야(이스팔리스)입니다.

3) 바울이 스페인에 갔다면 세비야(Sevilla)로 갔을 것으로 추정합니다.

첫째, 세비야의 그 당시 이름은 이스팔리스(Hispalis)입니다.

바울이 가기 약 200년 전에 스키피오 장군이 자기의 도시로 만들었습니다(B.C. 200년대). 스키피오 장군은 지혜로운 사람이었습니다. 한니발을 물리친 스키피오 장군은 로마에 가서 정착하지 않았습니다. 처음에는 환영을 받겠지만 그 후로 암투가 벌어져 자신이 죽을 가능성이 많다고 보고 스페인에 자신의 도시를 세웠습니다. 그 지역이 세비야(Sevilla) 지역의 일부입니다.

둘째, 유대인들은 이곳을 '스바랏'으로 불렀습니다.

오바댜 1장 20절에 '스바랏'(Sefarat)이 나오는데, 오바댜 당시에는 지명에 없었습니다. 그러다 로마가 들어오면서 로마의 서쪽 땅끝이라는 뜻의 'Espana'가 되었고 영어식으로는 스페인입니다.

옛날 바벨론 포로 시절, 유대인들이 바벨론에서 북아프리카, 모로코를 거쳐 지브롤터 해협을 거쳐 스페인에 들어갔습니다. 이 유대인들이 스페인에서 살았던 지역을 스바랏(Sefarat)이라고 합니다. 아마도 바울이 로마의 서쪽 땅끝이라고 할 수 있는 스바랏에 살고 있는 유대인들에 대한 이야기를 들었기에, 스바랏인 지금의 세비야(Sevilla)까지 가서 복음을 전했을 것으로 봅니다.

참고로, 49년 글라우디오 황제 때 로마에 살고 있던 유대인들이 쫓겨나는데, 일부가 이스팔리스(세비야)까지 왔다는 기록이 있습니다.

4) 바울의 스페인 전도를 정리해 봅시다.

첫째, 바울은 주후 60년 봄에서 62년 봄까지 로마 감옥에 있었습니다.

둘째, 주후 62년 봄 스페인 선교를 시작하고, 주후 63년 봄에 다시 로마로 돌아왔습니다. 스페인 선교에 1년이 걸린 것은 교통 때문입니다. 그 당시는 뱃길 여행이 많았습니다. 1년에 8개월 정도 배가 다니는데, 그중에서 실제로 배가 안전하게 다닐 수 있는 기간은 5월 15일부터 9월 15일까지 약 4개월뿐이고,[58] 겨울 동안(4개월 정도)은 절대 다닐 수 없었습니다. 그래서 겨울에는 제자를 양육하며 복음을 전하고, 뱃길이 열리면 선교 여행을 다시 시작하였습니다. 바울은 스페인에서 1년 정도 사역하고 로마로 돌아와서 선교 보고를 하였습니다

---

58) 윤철원 (2000), *신약성서의 그레꼬-로마적 읽기*, 194.

(63년 봄쯤).

셋째, 잠시 쉰 바울이 진짜 방문하고 싶었던 곳은 전에 세웠던 교회들이었습니다(행 15:36). 특별히 빌립보와 골로새를 방문하고 싶었습니다(빌 2:24; 몬 1:22). 바울은 어떻게 그곳으로 갈 수 있었을까요?

(1) 오스티아(Ostia) 항구에서 배를 타고 갈 수 있습니다.

(2) 육로를 통해서 갈 수 있습니다. 먼저 아피아 도로를 따라 이탈리아 동쪽으로 이동하여 배를 타고 고린도로 넘어갑니다. 그 당시 동쪽 항구로는 타렌툼(Tarentum)과 브룬디시움(Brundisium)이 있습니다. 고린도의 레카이온 항구를 통해 고린도의 모임 공동체를 방문하였습니다.

바울은 고린도 교회의 성도들과 교제를 한 후 고린도의 겐그레아 항구에서 배를 타고 그레데 섬을 방문하였습니다.

2. 그레데 방문

1) 바울은 왜 그레데 섬에서 선교하고 싶었을까요?

바울은 죄수의 몸으로 로마로 끌려갈 때 그레데 섬에 머문 경험이 있습니다. 미항(Fair Havens/Kaloi Limenes, 행 27:7-8)에 잠시 머물렀을 때 그레데에 대한 정보를 어느 정도 들었을 것으로 추정합니다. 로마는 그 당시 그레데를 중심으로 지중해 지역을 다스렸는데, 바울은 이것을 알고 그레데 섬을 복음화해서 전 지중해 지역에 복음을 전하고자 하였습니다.

2) 바울은 그레데에서 어떻게 사역했을까요?

첫째, 바울은 주후 63년 봄쯤에 도착하여 64년 봄까지 머물렀을 것으로 추정합니다.

둘째, 바울은 그레데 섬의 각 성에 장로를 세울 정도로 열정적인 선교를 하였습니다(딛 1:5).

(1) 제자 양육을 통해서 교회를 세워 나갔습니다. 과거 바울이 1차 선교 여행 때 더베에서 조금 전까지 박해를 받던 곳에 다시 방문한 것은, 초신자들의 마음을 굳게 하고, 믿음에 거하라 권하고, 하나님 나라에 들어가려면 많은 환난을 겪어야 할 것을 알려 주고, 각 교회마다 지도자를 세우기 위함이었습니다(행 14:22-23). 그래서 바울은 제자를 양육하여 교회를 돌보게 하였고, 후에 디도를 남겨둔 이유도 지도자들을 세우기 위함이라고 하였습니다(딛 1:5).

(2) 지도자를 세우기 위해 양육이 필요하고, 양육은 하나님의 은혜가 한다고 하였습니다(딛 2:11-12).

셋째, 바울은 교회를 세우는 일에 전념을 하였습니다.

(1) 교회를 통해서 예배가 이루어지기 때문입니다.

(2) 교회를 통해서 선교가 이루어지기 때문입니다.

3) 일꾼은 자기를 절실히 필요로 하는 곳에서 사역해야 합니다.

첫째, 바나바가 안디옥 교회에 파송 받아 사역할 때, 바울이 수리아와 길리기아 지방에서 복음을 전한다는 소식을 들었습니다. 협력할 사역자의 필요성을 느끼던 차에 그는 바울을 불러 안디옥 교회에서 함께 사역하였습니다(행 11:25-26). 바울은 안디옥 선교지에 절실히 필요한 일꾼이었습니다.

둘째, 바울도 그레데의 성도들에게 필요한 지도자가 디도라는 것을 알고 디도를 그레데의 목회자로 임명하였습니다.

이렇게 자신을 필요로 하는 곳에서 선교하는 것이 바람직한데, 요즘은 오히려 자기들이 원하는 곳에서 일하려는 경향이 많아지고 있습니다.

디도 기념 교회, 고르틴, 그레데
디도는 그레데의 초대 감독으로 고르틴(Gortyn)에서 숨을 거두었다고 전해진다.

3. 바울은 에베소를 방문하지 않고 빌립보로 갑니다

1) 바울은 왜 에베소를 방문하지 않고 빌립보로 갔을까요?

첫째, 바울이 디모데와 에바브로디도를 빌립보로 보낼 때, 성도들의 사랑에 감사하고 싶어서 가능한 한 속히 바울 자신도 방문하기를 원했습니다(빌 2:24).

둘째, 바울은 아가야 지역과 아시아 지역의 선교를 마쳤지만 마케도니아에 가까운 일루리곤에서는 제대로 복음을 전하지 못했습니다.

⑴ 바울은 고린도 성도들의 도움으로 그레데 선교를 했고, 아가야 지역 근교의 선교를 마쳤습니다.

(2) 아시아 지역도 선교가 다 이루어졌습니다; "두 해 동안 이같이 하니 아시아에 사는 자는 유대인이나 헬라인이나 다 주의 말씀을 듣더라"(행 19:10). "바울이 에베소뿐 아니라 거의 전 아시아를 통하여 수많은 사람을 권유하여 말하되…"(행 19:26).

(3) 바울은 3차 선교 여행의 후반에 잠시 일루리곤을 방문했지만, 충분하게 복음을 전하지 못했습니다. 이제 바울은 또 한번 가서 일루리곤을 전도하고픈 마음으로 에베소를 방문하지 않고 곧장 빌립보를 향했습니다.

2) 디모데를 에베소 교회에 보냈습니다.

바울은 에베소를 지나면서 디모데를 에베소 교회에 보냅니다. 바울은 디모데를 왜 보냈을까요?

첫째, 에베소 교회에 다른 교훈을 가르치는 사람들이 있었습니다(딤전 1:3). 신화와 끝없는 족보에 착념하는 사람들이 있었습니다(딤전 1:4).

둘째, 바울은 이런 사람들에게 진정한 사랑이 무엇인지를 가르쳐 주기를 원했습니다(딤전 1:5).

4. 빌립보 방문

1) 바울은 빌립보에서 무엇을 했을까요?

첫째, 바울은 빌립보 교회 성도들이 보여 준 사랑에 감사하는 시간을 가졌을 것입니다(빌 2:24).

둘째, 바울은 복음을 전한 마케도니아의 교회들을 돌아보았습니다. 네압볼리, 빌립보, 암비볼리, 아볼로니아, 데살로니가, 베뢰아 그리고 일루리곤을 방문하여 본격적인 선교를 했을 것입니다.

2) 바울은 마케도니아에서 디모데 전서를 작성했습니다.

바울은 에베소에 있던 디모데에게, 교회에서 행하여야 할 것을 알게 하기 위해 편지를 보냈습니다(딤전 3:13-15). 이 편지가 디모데전서입니다.

첫째, 에베소 교회에 침투한 이단을 경계할 것을 권면합니다.

(1) 영지주의와 퇴폐적인 유대주의(딤전 1:3-7)는 하나님의 계획을 아는 데 도움이 되지 못하는 신화와 족보 등을 가르쳐서 끝없는 논쟁을 불러일으켰습니다. 또 율법의 목표가 사랑임을 망각한 채 스스로 율법 선생이 되려고 했기에, 바울은 '율법은 원래 거룩하고 의롭고 선한 것'으로(롬 7:12; 딤전 1:8), '죄를 깨닫게 하고'(롬 3:20) 회개하게 하여 우리를 그리스도에게로 인도하며, '그리스도가 오신 목적도 율법의 완성'(마 5:17-18)이라고 율법 자체를 변호했습니다.

(2) 그릇된 금욕주의(딤전 4:1-3)를 가르치는 이들도 있었습니다. 물질은 악하고 정신은 선한 것이며, 육적인 것은 악에 물들게 하는 요인이라고 주장하면서, 이러한 이유로 혼인을 불쾌하게 여겼고 몇몇 음식을 먹지 않는 채식주의자로 살게 했습니다. 이들의 가르침은 영지주의와 유대교의 한 분파인 에세네파의 극단적인 금욕주의가 혼합된 것으로, 결혼 무용론과 더불어 육식과 음주를 철저히 배격하였습니다. 바울은 이들에게 "하나님이 지으신 모든 것이 선하매 감사함으로 받으면 버릴 것이 없나니"(딤전 4:4)라고 경계시킵니다.

둘째, 잘 성장해 가고 있는 에베소 교회의 제반 문제를 디모데가 잘 처리하고 감독하게 하려고, 특별히 공중 예배에 대해서(딤전 2:1-15) 가르치고 있습니다.

(1) 성도는 모든 사람을 위해, 특히 높은 지위에 있는 모든 사람들을 위해 기도해야 합니다(딤전 2:1-2).

(2) 남자들 간의 다툼, 특히 유대인과 이방인 간의 다툼이 없어야

합니다(딤전 2:8).

(3) 여자들은 순종함으로 정숙해야 합니다. 남자들로부터 인격적인 대우를 받지 못하던 여성들은 교회의 모임과 행사 그리고 활동에 적극 참여함으로 남자들로부터 비난을 받았고, 이에 여자들의 관심은 겉치레와 귀금속 등 비생산적인 데에 쏠리게 되었습니다. 그래서 바울은 공중 예배에서 여성의 덕에 대하여 설명하고 있습니다; "여자들도 단정하게 옷을 입으며 소박함과 정절로써 자기를 단장하고 땋은 머리와 금이나 진주나 값진 옷으로 하지 말고"(딤전 2:9).

셋째, 바울은 교회 지도자들이 갖추어야 할 자격 및 그들의 임명에 대해서 가르치고 있습니다(딤전 3:1-13, 5:17-25).

넷째, 바울은 또다시 이단에 대해 경계합니다(딤전 6:20). 다시 말하자면, 생명을 구원하는 복음의 진리와는 무관한 '거짓된 지식' 곧 당시 에베소 교회에 존재하던 '영지주의'와 '유대주의의 가르침'으로부터 피하라고 합니다; "디모데야 망령되고 헛된 말과 거짓된 지식의 반론을 피함으로 네게 부탁한 것을 지키라"(딤전 6:20).

5. 골로새 방문

1) 바울이 골로새를 방문한 이유는 무엇일까요?

첫째, 바울은 도망간 오네시모를 빌레몬에게 보내면서 오네시모를 용서하기를 부탁했는데(몬 1:14), 이 문제와 관련해서 대화하고자 했습니다.

둘째, 바울은 골로새에서 머물고 싶어 했습니다; "오직 너는 나를 위하여 숙소를 마련하라 너희 기도로 내가 너희에게 나아갈 수 있기를 바라노라"(몬 1:22).

셋째, 에바브라가 전해 준 골로새의 이단 문제(초기 영지주의, 유대교의 율법주의, 천사 숭배, 금욕주의)가 잘 해결되었는지 궁금하였습니다. 그래서 바울은 마케도니아에서의 모든 일을 마치고 골로새로 이동해 왔습니다.

2) 바울은 골로새에서 무엇을 했을까요?

첫째, 오네시모와 관련해서 빌레몬과 대화했을 것입니다.

둘째, 에바브라가 전해 준 골로새의 이단 문제가 잘 해결되었는지 궁금하였고, 이와 관련해서 교회에 도움을 주었을 것입니다.

셋째, 골로새를 중심으로 주변 지역에 복음을 전했을 것입니다.

넷째, 로마에 화재가 났다는 소식을 들었습니다. 64년 7월 19일의 사건입니다. 로마 성도들이 박해를 받기 시작하였고, 65년에는 베드로가 순교를 당합니다. 바울은 로마 성도들이 박해로 고통을 당한다는 소식을 듣고 이들을 위로하기 위해 로마로 가기로 결정한 듯합니다.

6. 다시 로마로 가는 바울

1) 바울은 먼저 밀레도로 갔습니다.

첫째, 바울은 왜 에베소가 아닌 밀레도로 갔을까요? 에베소 항구가 토사로 인해 폐쇄되었을 가능성이 있습니다.

둘째, 바울은 드로비모가 병이 나서 밀레도에 두었습니다(딤후 4:20).

셋째, 바울은 밀레도 항구에서 배를 타고 고린도로 갑니다.

2) 바울은 겐그레아 항구를 거쳐 고린도에 도착합니다.

바울은 한때 디도와 함께 그레데 섬에서 제자를 양육하며 복음을 전했고 그때 교회가 만들어졌습니다. 그리고 바울이 그레데를 떠날 때 디도를 그레데에 남겨 두어 부족한 일을 바로잡고, 각 성에 지도자들을 세우게 하였습니다(딛 1:5).

첫째, 바울은 아시아 지방에서 고린도에 도착한 후 그레데 섬에 있는 디도에게 편지를 보냈습니다. 디도서입니다. 교법사 세나와 아볼로는 바울의 파송 명령을 따라 파송지(알렉산드리아)로 가는 도중 그레데를 경유하는데(딛 3:13), 아마도 이때 디도서를 전달하였을 것으로 보입니다.[59]

둘째, 바울이 고린도를 떠날 때 에라스도를 남깁니다(딤후 4:20).

3) 디도서의 내용은 디모데전서와 거의 같습니다.

첫째, 교회가 새롭게 세워지는 과정에서 바울은 디도에게 목회 사역의 지침, 예를 들어 장로의 자격과 필요성을 가르칩니다(딛 1:5-16).

둘째, 교회 안에 유대주의 성격이 강한 이단들의 가르침이 있었기에, 바른 교훈을 가르치고(딛 1:15), 윤리적 생활을 훈련시키고, 바른 신앙을 입증하는 경건한 실제 생활을 가르칠 것과 교회 안의 각 연령층 남녀 신자들을 지도할 구체적인 지침들(딛 2:1-10)을 제시합니다.

셋째, 이단주의자들과의 관계에서 피해야 할 것들을 언급하고 있습니다. 어리석은 변론과 족보 이야기와 분쟁과 율법에 대한 다툼(거짓 교훈)은 무익한 것이고 헛된 것이니, 이러한 것들로부터 피하라(딛 3:9)고 가르치고 있습니다.

(1) 사실 바울은 안디옥 교회에서 바나바와 함께 사역할 때, 할례의 필요성을 주장한 유대주의자들과 심한 변론을 하였습니다(행

---

59) Lenski's Commentary, Titus 3:13.

15:1-2).

(2) 그런데 지금 바울이 변론을 금하는 것은, 변론 주제가 사소하고(딛 3:9), 그것으로 인하여 정력과 시간을 허비하여 중요한 본연의 사역을 게을리하게 될 것을 염려했기 때문입니다.

넷째, 바울은 디도로 하여금 니고볼리로 빨리 오라고 합니다(딛 3:12).

7. 니고볼리 방문

니고볼리(Nicopolis)는 '승리의 도시'라는 뜻으로, 그리스 본토의 서해안에 자리 잡은 도시이며, 이탈리아에서 보면 아드리아해 건너편에 위치하고 있습니다. 니고볼리는 주전 31년 옥타비아누스가 도시 근처의 악티움 해전에서 안토니우스와 클레오파트라를 상대로 한 승리를 기념하기 위해 주전 29년에 세웠습니다.

1) 바울은 니고볼리에서 겨울을 지내고자 했습니다.

첫째, 당시 지중해는 1년에 8개월 정도 배가 다니지만 실제 안전한 기간은 4개월밖에 안 되고, 겨울(4개월 정도)에는 절대 못 다녔습니다. 그래서 배가 안전하게 다닐 수 있는 5월 15일부터 9월 15일까지 약 4개월간 선교하고 뱃길이 열리면 그때 다시 선교 여행을 시작하였습니다. 겨울을 니고볼리에서 지내기로 했다는 뜻은, 겨울 동안 배가 다니지 않기에 배가 다니는 봄 즉 3월 또는 5월까지 기다린다는 뜻입니다.

둘째, 배가 다니지 않는 기간에 바울은 무엇을 했을까요? 당연히 제자를 양육하며 복음을 전했을 것입니다. 바울은 다메섹 도상에서 주님을 만난 이후 제자를 양육하며 복음 전하기를 쉰 적이 한 번도 없습니다. 심지어는 감옥에서도 제자를 양육했습니다; "갇힌 중에서 낳은 아들 오네시모를 위하여 네게 간구하노라"(몬 1:10).

2) 바울은 에베소의 디모데를 제외한 많은 제자들을 왜 니고볼리로 불렀을까요?

첫째, 바울은 팀 사역의 능력을 경험했기 때문에 겨울 동안 니고볼리에서 제자들과 함께 제자를 양육하며 복음을 전하고 싶었습니다.

둘째, 니고볼리를 위치적으로 보면, 로마로 들어가기에 가까운 도시고, 바울이 지금까지 그리스에서 복음을 전하지 않은 지역입니다. 그래서 바울은 제자들을 니고볼리로 부른 것입니다. 바울은 로마에 들어가면 박해를 받을 수 있는 상황임에도 로마로 들어가기로 결심했고, 로마로 들어가면서도 끝까지 제자를 양육하며 복음을 전하기 위해 항상 깨어 있었던 하나님의 진정한 일꾼입니다. 바울은 니고볼리에 65년 겨울을 지내고 66년 초여름쯤에 로마로 들어갔습니다.

니고볼리에서의 바울
그리스의 구석구석까지 복음을 전하려는 열정에 사로잡힌 바울.

8. 두 번째 로마 방문

1) 바울이 로마에 들어간 후 언제 붙잡혔는지는 모르지만, 감옥에서 한 번의 겨울을 지냈습니다.

첫째, 바울은 1차로 로마 감옥에 투옥되었을 때, 셋집에 머물면서 어느 정도 자유롭게 지낼 수 있었습니다. 그러나 2차 투옥 때에는 모든 자유가 박탈된 채 사슬에 묶여 다른 죄수와 똑같은 취급을 받았습니다(딤후 1:16, 2:9).

둘째, 바울은 로마의 엄청난 추위를 경험했기에 디모데에게 드로아 가보의 집에 두었던 겉옷을 가지고 '겨울 전에 오라'고 합니다(딤후 4:13, 21). 전에 마케도니아에서 아시아로 갈 때 날씨가 더워져 더 이상 무거운 겨울 외투가 필요하지 않게 되었기에 드로아 가보의 집에 겉옷을 두었습니다.[60]

셋째, 바울은 디도 외 다른 제자들과 함께 66년 초여름쯤 로마에 들어갔고, 66년 겨울을 감옥에서 지냈으며, 67년 봄쯤 에베소에 있는 디모데에게 서신을 보냈습니다.

2) 디모데후서를 작성했습니다.

바울은 네로 황제의 기독교 박해를 보면서 자신도 죽게 될 것을 느끼고 디모데에게 편지를 썼습니다. 이 편지가 디모데후서입니다.

첫째, 바울은 외롭고 낙심한 상태였습니다.

(1) 아시아에 있는 모든 사람들이 바울을 버렸습니다(딤후 1:15).

(2) 성도들이 바울의 사슬에 매인 것을 부끄러워할까 봐 두려워했습니다(딤후 1:16). 다시 말해, 복음이 전진하지 못하고 오히려 복음과

---

60) Murphy-O'Connor, Jerome (2006), *바울 이야기*, 296.

함께하던 성도들이 예수님을 포기할 것에 대한 두려움이 바울을 힘들게 한 것입니다.

둘째, 오네시보로가 에베소에서 로마로 바울을 방문합니다(딤후 1:16-18).

(1) 오네시보로는 바울을 여러 번 위로했습니다.

(2) 오네시보로는 바울이 사슬에 매인 것을 부끄러워하지 않는다고 이야기하였습니다. 바울은 이 말에 위로받으며, 하나님의 말씀은 절대로 매이지 않는다고 고백합니다; "복음으로 말미암아 내가 죄인과 같이 매이는 데까지 고난을 받았으나 하나님의 말씀은 매이지 아니하니라"(딤후 2:9).

셋째, 바울이 디모데에게 전했던 복음의 내용은 '하나님의 말씀은 절대로 매이지 않는다'입니다.

(1) '복음을 지키라'(딤후 1:14)고 합니다.

(2) '내게 들은 바를 다른 이들에게 가르치라, 즉 제자를 양육하라'(딤후 2:2)고 합니다.

(3) '배우고 확신한 일에 거하라'(딤후 3:14)고 합니다.

(4) '때를 얻든지 못 얻든지 말씀을 전하라'(딤후 4:2)고 합니다.

(5) '필요하다면 복음을 위해 고난을 받으라'(딤후 1:8, 2:3)고 합니다.

넷째, 바울은 디모데에게 거짓 이단주의자들을 경계하면서 그레데에 있었던 디도에게 부탁했던 것처럼 '말다툼을 하지 말고, 망령되고 헛된 말을 버리며, 변론을 버리라'(딤후 2:14-16, 23)고 가르칩니다.

3) 바울이 생각하는 핍박과 고난은 무엇입니까?[61]

우리는 그리스도교를 고난의 종교라고 합니다. 하나님께서 고난

---

61) Goodwin, Frank J. (1996), *바울의 생애*, 277-281.

을 통해서 당신의 궁극적인 인류 구원 사역을 성취하셨기 때문입니다. 그리고 하나님은 예수 그리스도의 제자들에게 자기 십자가를 지라고 하십니다. 십자가를 진다는 것은 세상으로부터 존경과 명예와 부와 함께 살아가는 것이 아닌 멸시와 비난과 쓰레기 취급과 고난을 의미합니다. 그러고 나서 예수님을 따르라고 하십니다(눅 9:23).

(1) 다시 말해, 하나님께서는 성도들이 자기 십자가를 지고 예수 그리스도를 따르는 고난을 통해서 이 세상 사람들을 죄로부터 구원해 내기를 원하십니다.

(2) 성도들이 고난과 핍박을 통해서 신앙을 성장시키기를 원하십니다; "도가니는 은을, 풀무는 금을 연단하거니와 여호와는 마음을 연단하시느니라"(잠 17:3).

첫째, 다메섹으로 가는 길에 주님으로부터 받은 바울의 사명은 고난과 함께 복음을 전하라는 것이었습니다(행 9:15-16).

복음을 전하기 위해 고난을 받고 있다는 것은 예수님께서 주신 사명을 감당하고 있다는 뜻입니다. 그래서 바울은 1차 선교 여행의 후반 루스드라, 이고니온, 안디옥의 성도들에게 '하나님의 나라(주권)에 들어가려면 많은 환난을 겪어야 한다'(행 14:22)라고 했고, 실제적으로 바울은 경험했던 많은 핍박과 고난을 고린도 성도들에게 설명하기도 했습니다(고후 11:23-27). 그러나 바울은 핍박과 고난을 받을 때 즐거워하며 감사했습니다; "우리가 환난 중에도 즐거워하나니 이는 환난은 인내를, 인내는 연단을, 연단은 소망을 이루는 줄 앎이로다"(롬 5:3-4).

둘째, 바울은 감옥에 있을 때, 괴로움이 기쁘다고 하면서, 그리스도의 남은 고난을 교회를 위해 육체에 채운다고 하였습니다; "나는 이제 너희를 위하여 받는 괴로움을 기뻐하고 그리스도의 남은 고난을 그의 몸된 교회를 위하여 내 육체에 채우노라"(골 1:24).

'그리스도의 남은 고난'이란, '그리스도를 위한 고난'입니다. 즉, 예수 그리스도께서는 고난을 완전하게 다 받으셨지만, 이제 우리 성도들이 그리스도를 위해서 받을 고난이 있다는 말입니다. 예수 그리스도의 나라와 복음을 위해서 우리가 받아야 할 고난입니다. 성도들이 이 세상에서 예수 그리스도를 따르기 위해서는 고난을 받을 수밖에 없다는 말씀이기도 합니다.

셋째, 바울은 디모데에게 복음을 위해 고난을 받으라고 합니다; "그러므로 너는 내가 우리 주를 증언함과 또는 주를 위하여 갇힌 자 된 나를 부끄러워하지 말고 오직 하나님의 능력을 따라 복음과 함께 고난을 받으라"(딤후 1:8).

우리의 복음은 '예수 그리스도와 십자가'(고전 2:2)입니다. 예수 그리스도와 십자가는 복음의 핵심이고, 고난은 복음이 세상에 나타나는 방식입니다. 예수 그리스도와 십자가의 복음은 가난과 고난을 통해서, 멸시와 천대를 통해서 그리고 핍박과 죽음을 통해서 나타납니다.

결론적으로, 바울은 다메섹으로 가는 길에 주님을 만나 복음의 전도자로 거듭난 이후 30여 년 동안 예수 그리스도와 십자가를 가르치고 전하는 삶을 살았습니다(행 5:42). 바울은 제자를 양육하며 복음을 전할 때 많은 환난과 고난을 받았지만 전혀 부끄러워하지 않고 오직 소망을 바라보면서 기쁨과 감사함으로 살다가 로마에서 순교하였습니다.

4) 바울의 순교

로마 남문 외곽의 오스티엔세 도로(Ostiense Road)에 위치한 바울 교회(St. Paul Basilica)에서 남쪽으로 약 5km 떨어진 아쿠에 살비에 도

참수되기 전에 갇혀 있던 감옥, 로마
바울은 순교하기 전, 로마의 남쪽 아쿠에 살비에 도로(Acque Salvie Road)에 있는 감옥에 갇혀 있었다. 지금은 감옥 위에 천국계단 교회가 세워져 있다.

참수터로 가는 길, 로마
바울은 감옥을 나와 이 길을 통해 참수터로 걸어갔다.

바울 참수터, 로마
바울이 주후 67년 참수터에서 참수를 당할 때 바울의 머리가 세 번 튀었고, 그곳에서 물이 솟아났다. 후에 이곳에 제단을 만들었다. 지금은 이곳을 '세 개의 샘'(Tre Fontane)이라 부른다.

로(Acque Salvie Road)에 바울이 순교한 참수터(Tre Fontane)가 있습니다.

첫째, 바울 참수터(Tre Fontane)[62]는 바울 외에도 많은 기독교인이 순교한 곳입니다.

(1) 천국계단 교회(Santa Maria Scala Coeli): 생명수로와 칼 대제의 아치문을 지나 넓은 정원에 도달하면, 오른쪽으로 계단 위에 교회가 있습니다. 이 교회는 천국에 이르는 계단 교회입니다. 옛날에는 이곳에 사형 직전의 사형수들을 잠시 가둬 둔 감옥이 있었습니다. 현재 이 교회의 내부에 지하로 내려가는 계단이 있는데 그 지하 안쪽에 바울이 마지막으로 갇혀 있었던 장소가 보존되어 있습니다. 바

---

62) 김정임, 홍기석 (2018), 몰타에서 몽블랑까지, 35-46.

울뿐 아니라 많은 그리스도인과 또 다른 사형수들이 역시 여기에서 죽음을 기다렸습니다. 천국계단 교회를 나오면 오른쪽으로 길이 있습니다. 바울은 이 길을 따라 형장으로 끌려갔습니다.

(2) 바울 순교 교회: 바울은 이곳에서 순교했습니다. 바울의 목이 잘렸을 때 머리가 세 번 튀었고 머리가 튄 곳마다 물이 솟았다고 합니다. 지금 물이 솟은 그곳에 제단을 만들어 놓았습니다. 바울이 그토록 가기를 원했던 로마에서 바울은 주님의 말씀처럼 로마에서 담대히 복음을 전하다 순교하였습니다.

속사도인 클레멘트가 고린도 교회에 쓴 편지에 바울의 마지막을 이렇게 언급합니다.

바울이 말했다.

"나의 형제자매들이여, 슬퍼하지 마십시오. 오늘은 내가 오래도록 기다려 온 승리의 날입니다. 여러 해 동안 나는 하나님을 위해 고난을 당하고 이제 죽음을 맞이합니다. 처음에는 유대인들의 손에, 지금은 로마인들의 손에 고난을 당합니다. 그러나 모든 일은 주의 손 안에 있으며, 잠시 후면 나는 그 품에 안길 것입니다. 그러니 그분의 지극히 작은 종인 나를 위해 슬퍼하지 말고, 범사에 그러하듯 이 일에도 감사하십시오."

이 말을 끝으로 바울은 나무 옆에 무릎을 꿇고 하늘을 보며 부르짖었다.

"주여, 저의 영혼을 받아 주소서!"

이후에 백부장이 긴 칼을 뽑아 단번에 바울의 목을 내리쳤다. 군인들은 바울의 시신을 구덩이나 강에 던지려 했으나

세바스티안(Sebastian) 카타콤, 로마
외국의 침략이 있었을 때 또는 발레리안 황제의 박해 때, 압비아 도로에 있는 이곳에 바울과 베드로의 시신이 잠시 안치되었다.

    부데가 청하자 시신을 내주었다. 바울의 죽음을 목격한 사람들 중 신자 루치나에게 마침 근처에 묘지가 딸린 집이 있었다. 그래서 부데는 퀸티포르, 리키니우스와 그곳에 나온 많은 신자들과 함께 바울의 시신을 거두어 그곳에 묻었다.

    (A.D. 96, 고린도 교회에 로마의 클레멘트가 1서신과 2서신을 보냈는데, 유세비우스는 빌립보서 4장 3절의 글레멘드가 로마의 클레멘트라고 합니다.)

    둘째, 바울의 묘와 교회[63]를 보겠습니다.

---

63) 이영철 (2013), *사도 바울*, 263-264.

순교 후 바울의 시신은 성밖의 오스티엔세 도로(Ostiense Road)의 공동묘지에 있는 루치나 부인 가문의 소유지에 묻혔고(지금의 바울 교회 지역), 베드로의 무덤과 함께 비밀히 관리해 오다가 외국의 침략이 있었을 때 또는 주후 258년 발레리안(Valerian) 황제의 박해 때 잠시 압비아 도로(Appia Road)에 있는 세바스티안(St. Sebastian) 카타콤에 안치되었습니다. 세바스티안 카타콤 안에는 주후 250~350년쯤에 쓰인 글씨가 있습니다. 내용은 바울과 베드로에게 중보를 구하는 신자들의 기도문입니다.

콘스탄틴 황제의 기독교 공인 이후 주후 324년 6월 29일에 바울과 베드로의 시신이 이장되었습니다. 바울의 시신은 현재 바울 교회 안에 이장되어 있고, 베드로 시신은 네로의 경기장 북쪽 공동묘지

로마의 바울 교회
주후 324년 6월 29일 바울의 시신이 이곳으로 이장되었다. 세계의 교회들은 매년 6월 29일 바울을 기념하는 예배를 드린다.

바울의 무덤, 로마
바울의 시신이 세바스티안 카타콤에서 지금 바울 교회가 있는 곳으로 6월 29일 이장되었고, 매년 이 날을 축일로 기념한다.

위에 세워진 현재 베드로 교회 안에 이장되어 있습니다. 전 세계의 기독교인들은 매년 6월 29일이면 이날을 기념해서 예배를 드리고 있습니다.

참고로, 바울의 마지막 서신, 즉 디모데후서를 받은 디모데는 로마에 도착해서 바울의 무죄를 위해 노력했으나 바울은 순교하고 디모데는 감옥에 들어갔습니다. 네로 황제가 68년 6월 9일에 죽으면서 감옥에서 풀려난 디모데는 에베소에서 주님의 일을 하다가 도미티안 황제 때 순교했다고 전해집니다.

로마 제국의 시작에서부터 2세기까지 있었던 사건들

B.C. 27 옥타비아누스가 아우구스투스(Augustus)의 칭호를 받으면서 로마 제국이 시작되다.

B.C. 4 예수 그리스도가 탄생하다.

A.D. 1~10 바울이 길리기아 지방 다소에서 태어나다.

A.D. 26 본디오 빌라도(Pontius Pilatus)가 유대 총독으로 임명되다.

A.D. 27 예수님께서 세례 요한에게 세례를 받으시고 공생애를 시작하시다.

A.D. 30 예수님께서 십자가에 못 박히고 부활 승천하시다. 오순절날 성령이 임하시다.

A.D. 30~32 스데반이 예루살렘에서 돌에 맞아 순교하다.

A.D. 33~35 바울이 다메섹 도상에서 회심하고 아라비아에서 3년을 지내다.

A.D. 36 본디오 빌라도가 행정 과오를 범하여 로마로 소환되다.

A.D. 37 로마 제국의 2대 황제인 티베리우스(Tiberius)가 죽고 칼리굴라(Caligula)가 승계하다.
유대 역사가 요세푸스가 태어나다.

A.D. 41 칼리굴라가 암살당하고 글라우디오(Claudius)가 황제가 되다. 헤롯 아그립바 1세가 유대와 사마리아의 왕이 되다.

A.D. 44 헤롯 아그립바 1세에 의해 요한의 형제 야고보가 순교하다.

A.D. 46 바울은 바나바와 함께 1차 선교 여행을 떠나다.

A.D. 48~49 예루살렘 회의가 있었고 이후 바울은 실라와 함께 2차 선교 여행을 떠나다.

A.D. 52	벨릭스(Antonius Felix)가 유대 총독으로 부임하다.
A.D. 53	바울은 3차 선교 여행을 떠나다.
A.D. 54	글라우디오 황제가 자기의 아내 아그리피나(Agrippina)에게 독살 당하다. 그리고 네로(Nero)가 로마의 황제가 되다.
A.D. 57	바울은 가을쯤 예루살렘에서 체포되어 가이사랴에 감금되다(2년 동안 구금되다).
A.D. 59	베스도가 유대 총독이 되고 바울을 가을쯤 로마로 보내다.
A.D. 60	바울은 봄쯤 로마의 셋집에 구금되어 2년 동안 머물다.
A.D. 62	바울은 봄쯤 로마의 셋집에서 나와 세웠던 교회들을 둘러보다. 예수님의 형제 야고보가 순교하다.
A.D. 64	네로가 7월 로마 대화재 사건 이후 기독교인들을 박해하기 시작하다(약 3년 반 동안 진행되다).
A.D. 67	바울은 다시 체포되어 로마에서 네로황제에 의해 순교하다(67년 겨울 또는 68년 봄).
A.D. 68	네로 황제가 자살을 하고 갈바(Galba)가 승계하다.
A.D. 69	갈바가 죽고 오토(Otho)가 승계하다. 오토가 자살하고 비텔리우스(Vitellius)가 승계하다. 비텔리우스가 죽고 베스파시안(Vespasian)이 로마의 황제가 되다. 예루살렘의 기독교인들이 전쟁을 피해 펠라(Pella)로 도망을 가면서 예루살렘 교회가 흩어지다.
A.D. 70	베스파시안의 아들 티투스(Titus)가 예루살렘을 함락시키다.

A.D. 79	베스파시안이 죽고 큰아들 티투스가 승계하다. 이후 8월 24일 폼페이에 있는 베수비오 화산(Mount Vesuvius)이 폭발하다.
A.D. 81	티투스가 죽고 그의 동생 도미티안(Domitian)이 로마의 황제가 되다.
A.D. 90	도미티안이 기독교인들을 박해하기 시작하다(약 7년 동안 진행되다). 얌니아 랍비회의에서 구약 39권의 목록이 확정되고, 기독교인들은 회당과 결별하다.
A.D. 95	사도 요한이 밧모섬에 유배되다.
A.D. 96	도미티안이 암살되고 네르바(Nerva)가 로마의 황제가 되다. 사도 요한이 밧모섬에서 풀려나 에베소로 돌아오다.
A.D. 98	네르바가 죽고 트라얀(Trajan)이 황제가 되다.
A.D. 117	트라얀이 죽고 하드리안(Hadrian)이 황제가 되다. 사도 요한의 제자 이그나시우스가 로마에서 순교하다.
A.D. 132	발 고쿠바(Bar Cocheba)의 로마를 대항한 항쟁이 진압되고 예루살렘은 완전히 파괴되었고 유대인들은 온 세계로 흩어지다.
A.D. 155	사도 요한의 제자이자 서머나 교회의 감독인 폴리캅이 순교하다.

| 참고문헌

〉〉 한글 서적

한글 서적
권오현 (1997), *바울의 생애(1, 2)*, 서울: 대한기독교서회.
김득중 (1986), *복음서 신학*, 서울: 컨콜디아사.
김연수 (2015), "한국 선교의 구조적, 사역적, 개인적 측면에서의 문제와 대안", 제7차 한인세계선교사회 지도력 개발회의, 인도네시아, pp. 33-37.
김정임, 홍기석 (2018), *몰타에서 몽블랑까지*, 서울: 한들출판사.
김진무 (2016), *기쁨의 노래*, 서울: 중신.
노우호 (2006), *신구약 중간사*, 서울: 우리글문화.
박용우 (2004), *바울*, 서울: 바울서원.
방요한 (2014), *왕과 사도*, 서울: 쿰란출판사.
안창천 (2019), *그들은 어떻게 전도했는가*, 서울: 우리하나.
윤철원 (2000), *신약성서의 그레꼬-로마적 읽기*, 서울: 한들출판사.
이복순 (2001), *사도 바울의 생애와 사역*, 서울: 노문사.
이영철 (2013), *사도 바울*, 서울: 쿰란출판사.
전경연 (1982), *원시 기독교와 바울*, 서울: 대한기독교출판사.
조광호 (2006), *바울*, 서울: 비블리카 아카데미아.
조동규 (2001), *그리스*, 아테네: 헤랍 출판사(Heerap Press).

Belo, Frederico (1990), *예수 시대의 민중운동*, 서울: 한국신학연구소.
Boss, Howard F. (1999), *성경지리개론*, 한정건 신득일 공역, 서울: 기독교문 서선교회.
Bruce, Frederick F. (1992), *바울 신학*, 정원태 역, 서울: 기독교문서선교회.
Dibelius, Martin (1991), *바울*, 전경연 역, 경기도: 한신대학출판부.
Gonzalez, Justo L. (2006), *초대교회사*, 서영일 역, 서울: 은성출판사.

Goodspeed, Edgar J. (1993), *바울*, 조성현 역, 서울: 다산글방.
Goodwin, Frank J. (1996), *바울의 생애*, 이남종 역, 서울: 크리스챤 서적.
Kaiser, Walter C. Jr. (2003), *이스라엘의 역사*, 류근상 역, 서울: 크리스챤 출판사.
Murphy-O'Connor, Jerome (2006), *바울 이야기*, 정대철 역, 서울: 두란노.
Noth, Martin (2001), *이스라엘의 역사*, 박문재 역, 경기: 크리스챤 다이제스트.

》》주석

Lenski's Commentary on the New Testament.

》》영문 서적

Adinolfi, Marco (2001), *Saint Paul in Damascus*, Milano: Dragonetti Edizioni.
Bosch, David (1991), *Transforming Mission: Pradigm Shifts in Theology of Mission*, New York: Orbits.
Büyükkolancı, Mustafa (2001), *St. John*, Selcuk-Izmir: Publication of Efes 2000 Foundation.
Çimok, Fatih (1999), *Saint Paul in Anatolia*, Istanbul: A Turism Press.
Donbaz, Veysel (1995), *The Royal Roads of Anatolia*, Istanbul: Cem Press.
Harris, Roberta L. (1995), *The World of the Bible*, New York: Thames and Hudson.
İdil, Vedat (2001), *Ankara: The Ancient Sites and Museums*, Ankara: Net Turistik Yayınları.
Kim, Se-Yoon (2002), *Paul and The New Perspective*, UK: Wm. B. Eerdmans Publishing Co.
Kypraiou, Evangelia (1995), *Philippi*, Athens: Pergamos Press.

Lerner, Gerda H. (1986), "The Origin of Prostitution in Ancient Mesopotamia", *Signs*, Vol.11, No.2, The University of Chicago Press, pp. 236-254.

Mavromataki, Maria (2003), *Paul*, Athens: Haitalis.

Meinardus, Otto F.A. (1972), *St. Paul in Greece*, Athens: Lycabettus Press.

Neill, Stephen (1959), *Creative Tension*, London, UK: Edinburgh House Press.

Ramsay, William M. (2001), *St. Paul*, Wilson Mark (ed.) London: Concorde House.

Seval, Mehlika (1988), *Ephesus*, Istanbul: Minyatur Yayınları.

Traylor, Ellen Gunderson (1979), *John, Son of Thunder*, Illinois: Living Books.

Tulay, Semih and Akat, Hasibe (2001), *Didyma, Miletos, Priene*, Istanbul: Canyigik grafik.

Wilson, Mark (2010), *Biblical Turkey*, Istanbul: Ege Yayınları.

Zoroğlu, Levent (1995), *A Guide to Tarsus*, Ankara: Donmez Press.

바울의 영성과 제자 양육

1판 1쇄 인쇄 _ 2024년 8월 30일
1판 1쇄 발행 _ 2024년 9월 10일

지은이 _ 이영철
펴낸이 _ 이형규
펴낸곳 _ 쿰란출판사

주소 _ 서울특별시 종로구 이화장길 6
편집부 _ 745-1007, 745-1301~2, 747-1212, 743-1300
영업부 _ 747-1004, FAX 745-8490
본사평생전화번호 _ 0502-756-1004
홈페이지 _ http://www.qumran.co.kr
E-mail _ qrbooks@daum.net / qrbooks@gmail.com
한글인터넷주소 _ 쿰란, 쿰란출판사
페이스북 _ www.facebook.com/qumranpeople
인스타그램 _ www.instagram.com/qrbooks
등록 _ 제1-670호(1988.2.27)
책임교열 _ 이화정·강찬휘

ⓒ 이영철 2024 ISBN 979-11-6143-978-5 93230

책값은 뒤표지에 있습니다.
이 출판물은 저작권법에 의해 보호를 받는 저작물이므로 무단 복제할 수 없습니다.
파본(破本)은 구입처에서 교환해 드립니다.